DESARROLLO PSÍQUICO: FUNDAMENTOS DEL TRABAJO CON EL ESPÍRITU

LEANNE THE BAREFOOT MEDIUM®

Derechos de Autor© 2019 Leanne, The Barefoot Medium®
www.thebarefootmedium.com.au

Todos los derechos reservados. Ninguna parte de esta publicación puede reproducirse, distribuida, transmitirse o circuladarse en su totalidad, en parte o de cualquier forma o por cualquier medio por ningún medio, incluyendo fotocopias, grabaciones u otros métodos electrónicos o mecánicos, o por cualquier sistema de almacenamiento y recuperación de información, que no sea aquella en la que se publica sin el permiso previo por escrito del editor, excepto en el caso de citas muy breves incorporadas en reseñas críticas y ciertos otros usos no comerciales permitidos por la ley de derechos de autor.

Para solicitar permisos, póngase en contacto con el editor en barefootacademy@hotmail.com

Desarrollo Psíquico: Fundamentos del Trabajo con el Espíritu
ISBN: 978-0-6455435-7-5
Categoría: Desarrollo Espiritual
Publicado por primera vez en 2022
Traducido y editado por Hidalgo Villamil Escorcia
Diseño de portada por Leanne, The Barefoot Medium®
Imagen original: © The mist of illusion by Kyle Tran on Unsplash

SOBRE EL AUTOR

Leanne, The Barefoot Medium®, de Brisbane, Australia, es un empático, psíquico y natural médium lee para clientes de todo el mundo en entornos privados y de grupos grandes. Como médium natural, nació con sus dones espirituales y se ha conectado con, estado consciente y se ha comunicado con seres queridos, Guías Espirituales, Ángeles y Arcángeles en Espíritu desde que era una niña pequeña. Leanne ha tenido muchos encuentros con Spirit mientras crecía, viendo sombras y luces brillantes en su habitación por la noche, sintiendo como si hubiera personas paradas junto a ella, escuchando a Spirit caminando en su habitación o en la casa y simplemente sabía que estaban mirando. Siendo muy sensible y abierta a aquellos en el mundo del Espíritu que se conectan con ella, Leanne es fácilmente capaz de sentir, ver y oír a los seres queridos que fallecieron, saber cómo se sintieron antes de morir, detectar cualquier síntoma físico y enfermedad experimentado así como conocer información y hechos sobre su personalidad y sus vidas. Ella ve su papel como un médium para ser la línea de comunicación entre usted y Espíritu, para aportar evidencia para reconectarse con sus seres queridos a fin de encontrar una sensación de paz, curación y amor a las personas de ambos lados. Con su experiencia en educación, a Leanne también le encanta

Obtenga más información sobre Leanne en
www.thebarefootmedium.com.au

Quítese los zapatos y únase a Leanne en Barefoot Tribe, donde comparte la guía canalizada del Espíritu, obsequios y más para apoyarlo en su viaje.

También será el primero en recibir acceso a nuevos episodios de los programas de podcast Barefoot with Spirit, detalles sobre los próximos seminarios web, eventos y retiros, así como lanzamiento anticipado y preventa de sus productos, servicios y ofertas.

www.thebarefootmedium.com.au

Contenido

Introducción 5

Capítulo 1: Energía Espiritual 7

Chapter 2. Capítulo 2: Centrado 45

Capítulo 3: Conexión a Tierra Espiritual 66

Capítulo 4: Equilibrio 75

Capítulo 5: Limpieza Espiritual 98

Capítulo 6: Protección Espiritual 109

Capítulo 7: Límites Espirituales 121

Capítulo 8: Conectando al Espíritu 138

Otros libros de Leanne, The Barefoot Medium® 150

Una Última Cosa 152

Introducción

Todos fuimos colocados en esta tierra en un cuerpo físico y muchos de ustedes pueden elegir hacer el trabajo Espiritualmente ya sea a través de lecturas de sanación, tarot, psíquica o de mediumnidad para otros o simplemente para su propio desarrollo; por lo tanto tomar conciencia de que hay mucho más en la vida que un cuerpo físico, a medida que comienzas a desarrollar tu intuición y conciencia espiritual, te sintonizas contigo mismo o con quienes te rodean, te darás cuenta de que todo o cualquier cosa está hecha de energía.

Nuestro mundo, nuestro universo y tu vida diaria funcionan como una gran máquina de intercambio de energía. Muchos de ustedes sabrán que tienen un campo de energía espiritual que rodea su cuerpo, conocido como su "aura" o "cuerpos sutiles", que lo hace sentir incómodo si alguien se entromete mental o físicamente en su "espacio personal".

Este libro tiene la intención de proporcionarle una comprensión profunda de las habilidades y técnicas fundamentales necesarias para comenzar su viaje con el Espíritu. Cuando comencé mi viaje por primera vez con el espíritu, escuché a mucha gente hablar sobre la protección, la limpieza o bases sólidas en la tierra, pero pasé horas investigando qué significaba cada uno de estos términos y cómo se suponía que debía hacerlos.

Como Empath y Clarividente, mi sentido más fuerte en términos de mi trabajo con espíritus son mis sentimientos, tanto en mi cuerpo físico como emocional. Mientras investigaba cómo poner a tierra, protegerme y limpiarme, descubrí que la mayoría de los libros o artículos hablaban sobre la visualización, con lo que no me conectaba con mucha fuerza. Después de muchos intentos, finalmente encontré métodos alternativos para trabajar con energías que eran más adecuadas para alguien que siente.

En este libro, he intentado incluir estrategias para aquellos que ven, oyen, sienten y saben con el propósito de ayudarlos a comenzar su viaje con el Espíritu. Una vez que comprenda estos principios básicos, habrá desarrollado una base sólida y tendrá todas las herramientas necesarias para mejorar su salud física, su equilibrio emocional y su bienestar mental a fin de trabajar más estrechamente con espíritu en su vida cotidiana y en su energía, curación y trabajo mágico.

Capítulo 1: Energía Espiritual

La física nos ha estado diciendo durante más de 50 años que la materia, tal como la conocemos, es en realidad otra forma de energía, con moléculas formadas por "partículas" que en realidad son vibraciones. Tu cuerpo es un conjunto de energías vibratorias. Estos patrones de energía alrededor de su cuerpo físico a menudo se conocen como el "aura" o "cuerpos sutiles". Todos y todo, incluidas las personas, los animales y las plantas, tienen un campo de energía electromagnética ('aura'), que rodea el cuerpo, cada organismo u objeto. A lo largo de la historia y en todas las culturas, el aura se ha representado de diversas maneras:

- El tocado nativo americano simbolizaba el aura y representaba la sabiduría y el estado del portador en la tribu con más colores que representaban un mayor nivel de espiritualidad.
- El halo pintado sobre las cabezas de santo representaba aspectos del aura y representaba la divinidad del individuo.
- La tonsura del monje (cabeza rapada) se diseñó originalmente para exponer completamente el chacra de la corona y el aura alrededor de la cabeza a Dios y las influencias cósmicas.

El Aura Humana

Einstein aprobó y la ciencia que "toda la materia es energía". Entonces, el aura humana es simplemente un campo de energía tridimensional que rodea el cuerpo físico en todas las direcciones. La energía que emana del cuerpo incluye campos eléctricos, magnéticos, de sonido, calor, luz y electromagnéticos. Del cuerpo físico de un individuo sano, el aura emana en forma de huevo en todas las direcciones alrededor del cuerpo a una distancia de aproximadamente 1 metro y es sensible a todo lo que ocurre a tu alrededor. Por lo tanto, su aura actúa como su sistema de radar personal al monitorear constantemente su entorno y trabajar incansablemente para advertirle sobre cualquier incomodidad o peligro que se aproxime.

No hay dos auras humanas iguales, pueden tener similitudes que incluyen el sonido, la luz y los campos electromagnéticos, pero la fuerza y la intensidad varían de individuo a individuo. Es una energía viva y dinámica que está llena de movimiento y puede cambiar los colores, sus patrones de energía y vibraciones en cuestión de segundos. Estos cambios pueden ocurrir como resultado de una fuerte actividad emocional y física o mental, lo que produce fluctuaciones de color y luz en el aura. La forma, el tamaño, los colores y la claridad de los colores proporcionan una representación visual de su bienestar físico, emocional, mental y espiritual del pasado, el presente y el futuro. Entonces, tu aura dice más sobre ti de lo que crees.

CUERPOS DE ENERGÍA

Su 'aura', o campo de energía espiritual que rodea su cuerpo, se compone de siete cuerpos o capas energéticos separados y distintos que existen en diferentes vibraciones y frecuencias a menudo invisibles por el ojo desnudo no entrenado. Estas capas actúan como plantillas para el crecimiento y el desarrollo, pueden verse afectadas por la energía de diversos tipos, incluidas las emociones y los pensamientos.

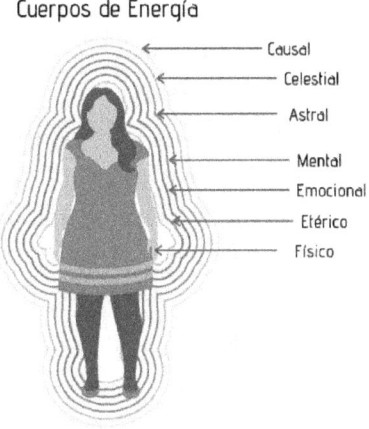
Cuerpos de Energía

Cuerpo Físico

El cuerpo físico es el que estás más familiarizado. "Tu cuerpo" se mueve, corre, trabaja y juega, contiene los cinco sentidos y es donde experimentas placer y dolor, emociones y sueños. Refleja exactamente lo que está sucediendo en el cuerpo en cualquier momento.

Cuerpo Etérico

El cuerpo etérico es la capa delgada de energía que irradia alrededor de 1-2 pulgadas de su cuerpo físico. Esta capa refleja la salud y la condición del cuerpo físico y es responsable de ayudar a tu cuerpo a crecer y repararse a sí mismo. Contiene la energía que puedes aprovechar para manifestar tus necesidades y deseos en el mundo físico.

Cuerpo Emocional

El cuerpo emocional es fluido y se extiende unas 3 pulgadas más allá del cuerpo físico. Esta capa contiene tus emociones y sentimientos, los sentimientos que tienes hacia ti mismo y te proporciona el sentido de elección y la capacidad de transformar las circunstancias para que sean más satisfactorias personalmente. La energía dentro de esta capa a menudo se ve como colores, ya sean vibrantes, opacos u oscuros, que reflejan su bienestar emocional.

Cuerpo Mental

El cuerpo mental es la capa a través del cual expresas tu intelecto, ideas y pensamientos y donde las ideas del Espíritu vienen a tu mente consciente. Esta capa se ve directamente afectada e impactada por tus pensamientos y cuán fuertemente los piensas.

Cuerpo Astral

El cuerpo astral se relaciona con sus sentimientos y emociones, así como también cómo se siente en las relaciones con las personas, los objetos, los lugares y las situaciones. Esta capa refleja tu habilidad para comunicar tus necesidades y deseos. Es el verdadero puente hacia el plano spiritual donde viven las Guías Espirituales, los Ángeles Guardianes y los Seres Ancestrales, así como también donde las personas fallecidas continúan su existencia.

Cuerpo Celestial

El cuerpo celestial es donde te conectas con el nivel emocional del reino espiritual. Dentro de esta capa, experimentas la dicha, el éxtasis espiritual, el amor incondicional, el amor divino, irradias amor desde tu núcleo y tu interconexión. También es donde te encuentras con Ángeles, Ángeles Guardianes y otros seres etéreos del reino angélico.

Cuerpo Causal

El cuerpo causal se extiende aproximadamente 1 metro más allá del cuerpo físico y contiene todos los otros cuerpos dentro de él. Esta capa contiene el poder principal de Kundalini que recorre la columna vertebral y conecta todos tus chacras, llevando energía a través de las raíces de todos los chacras. Es dentro de esta capa que experimentas la unidad divina y la iluminación, la autorrealización, la aceptación de ti mismo y de los demás y te rindes a la sabiduría de la vida.

Intercambio de Energía

Constantemente emites y absorbes energía, ya sea que lo hagas consciente o inconscientemente. Cada vez que entras en contacto con otra persona, estás intercambiando energía con ellos, donde les das algo de tu energía y puedes absorber parte de la energía que emiten. Entonces, mientras más personas interactúen durante el día, mayor será el intercambio de energía.

La forma más común en la que intercambias energía es a través de tus pensamientos, palabras y emociones. Estos pensamientos, palabras y emociones tienen una frecuencia o vibración energética que puede ser baja (negativa, pesada y densa) o alta (positiva, clara y fina). Cada pensamiento que piensas cada palabra que dices, ya sea diálogo interno o diálogo interno, es una afirmación. Estás continuamente afirmando subconscientemente y este flujo de afirmaciones crea situaciones, relaciones, eventos y circunstancias en tu vida. Las emociones son energía en movimiento y son la forma en que te expresas. Debido a que continuamente intercambias energía con aquellos con los que te encuentras, es importante que te vuelvas más consciente de los pensamientos y palabras que usas, así como más conscientes de tus emociones.

Energía Negativa

Los pensamientos negativos que tienen una baja frecuencia y una gran vibración incluyen:

- No puedo pagar
- Es toda mi culpa que
- No debería tener
- Estoy demasiado ocupado para
- No me gusta
- No hay tiempo para
- Odio
- Necesito
- No puedo
- Si solo no tuviera
- Y si
- No soy digno de
- No debería ser
- No soy bueno en
- No merezco

Algunas de las palabras negativas que usan las personas que tienen una baja frecuencia y una gran vibración incluyen:

- Mal
- Duro
- No
- No atractivo
- Aburrido
- Horrible
- No es injusto
- No puedo
- Incompetente
- Viejo
- Desgraciado
- Decepcionante
- Incompleto
- Pobre
- Feo
- No me gusta
- Inconveniente
- Reservado
- Inútil
- Falta de respeto
- Sin experiencia
- Escasa
- Desafortunado
- No hay
- Insignificante
- Vergüenza
- Sin Preparación
- Difícil
- Tarde
- Debería
- No fidedigno
- Duda

- Perezoso
- No Debería
- Fracasar
- Infructuoso
- Mudo
- Negativo
- Lento
- Débil
- Nervioso
- Estúpido
- Sin Valor

Las emociones negativas tienen una vibración menor, son densas y pesadas, a menudo te hacen sentir atrapado, atrapado y desconectado. Expresan un intento o intención de excluir o fortalecer su posición a expensas de los demás. Las emociones negativas se alimentan de un miedo subyacente a lo desconocido, un temor a las acciones de los demás y la necesidad de controlarlos o detenerlos para evitar ser dañados. Algunas de las emociones negativas incluyen:

- Ira
- Culpa
- Jugando a la Víctima
- Orgullo
- Odio
- Lamentar
- Deshonestidad
- Egoísmo
- Frustración
- Lástima
- Controlar
- Inflexibilidad
- Irritación

- Duda
- Competencia
- Mente cerrada
- Impaciencia
- Vergüenza
- Fuerza
- Estrés
- Ansiedad
- Culpa
- Rigidez
- Falta de perdón
- Dolor
- Juzgar
- Ignorancia
- Rabia
- Intolerancia
- Apatía
- Necesidad
- Miedo
- Aburrimiento
- Ansia
- Impotencia
- Ego
- Pesimismo
- Adicción
- Codicia
- Vulnerabilidad
- Escepticismo
- Adjunto
- Celos
- Violencia
- Abuso
- Juramento

ENERGÍA POSITIVA

Los pensamientos positivos que tienen una alta frecuencia y vibración de luz incluyen:

- Soy abundante
- Soy digno
- Amo
- Estoy agradecido
- Puedo
- Me lo merezco
- Soy bueno en
- Soy hermoso
- Tengo éxito
- Tengo suficiente tiempo
- Estoy saludable
- Soy amado
- Estoy en paz

La siguiente es una lista completa de palabras positivas:

- Abundante
- Cierto
- Positivo
- Feria
- Honesto
- Poderoso
- Claro
- Activo
- Inteligente
- Admirable
- Seguro
- Floreciente

- Inspirado
- Próspero
- Adorable
- Conectado
- Afortunado
- Orgulloso
- Libre
- Valiente
- Relajante
- Alineado
- Encantador
- Confiable
- Generoso
- Alegre
- Atenta
- Genuino
- Amable
- Respetado
- Cariñosa
- Auténtico
- Fácil
- Consciente
- Eficiente
- Motivado
- Satisfecho
- Hermosa
- Seguro
- Bendito
- Gracioso
- Auto-confianza
- Sereno

- Exitoso
- Apasionado
- Tranquilo
- Entusiasta
- Feliz
- Pacífico
- Fuerte
- Capaz
- Armonioso
- Centrado
- Sano
- Abundante

Las emociones positivas expresan un intento o una intención de incluir, tomando en consideración todos los puntos de vista, interactuando más con los demás, disfrutando de hacer las cosas mejor. Las siguientes son emociones positivas que tienen una vibración más alta, son finas y ligeras y te hacen sentir libre y conectado:

- Alegría
- Gratitud
- Serenidad
- Interés
- Esperanza
- Orgullo
- Diversión
- Inspiración
- Admiración
- Amor
- Felicidad
- Compasión

- Facilita
- Confianza
- Positiva
- Paz
- Aceptación
- Amabilidad
- Respeto
- Calma
- Serenidad
- Responsabilidad
- Claridad
- Perdón
- Paciencia
- Satisfacción
- Honestidad
- Sinceridad
- Generosidad
- Cooperación
- Optimismo
- Desinterés
- Sabiduría
- Modestia
- Pureza
- Humildad
- Coraje
- Fuerza
- Tolerancia
- Potencia

A menudo, las primeras impresiones que das y recibes reflejan la forma en que el aura armoniza en frecuencia y vibración con otras personas. Por ejemplo, si de inmediato te "caes bien" con alguien, es probable que tengan una frecuencia y vibración en su aura que es cercana a la tuya en un nivel físico, emocional, mental y / o espiritual. Alternativamente, si le desagrada de manera instantánea a alguien, experimenta sentimientos de incomodidad o agitación, la frecuencia y la vibración dentro de su aura probablemente serán muy diferentes a las suyas y sus campos de energía no se mezclarán.

ENERGÍA Y ATENCIÓN

La creencia de que la energía fluye donde coloca su atención ha sido reconocida durante siglos en muchas culturas. Puede aprender a ajustar y cambiar la frecuencia y la vibración de su aura mediante la recopilación y dirección de energía por la fuerza de voluntad (intención). Al enfocarte en las energías negativas puedes disminuir la velocidad de la vibración, creando lentitud o estancamiento del aura. Sin embargo, si te enfocas en las energías positivas, puedes aumentar la vibración y la frecuencia de tu aura.

Si haces algo porque te sientes obligado o presionado, o sientes que "deberías", o por culpa, esto daría como resultado que tu energía sea baja y pesada. Sin embargo, si tomas la decisión de hacer algo porque realmente lo deseas y porque se siente bien, emitirías energía positiva (alta, liviana). Del mismo modo, si utilizas la autoconversación negativa o te centras en otras opiniones negativas tuyas, esto daría lugar a una falta de autoestima que tiene una vibración pesada y oscura en comparación con la sensación de confianza y confianza que es una energía de luz de alta frecuencia. Cuando vives tu vida con amor, compasión y perdón, gracia, alegría, integridad, generosidad, luz y cualquiera de las otras cualidades positivas, automáticamente transformarás las energías de baja frecuencia emitidas por otros en energía y vibración de frecuencia más alta.

Es importante elevar su frecuencia y vibración energética antes de realizar cualquier trabajo con el Espíritu, porque aquellos que en el mundo del Espíritu tienen frecuencias y vibraciones extremadamente altas. Por lo tanto, cuanto más aprendes a percibir y controlar dónde colocas tu atención, más puedes tomar conciencia y controlar tus patrones de energía y aura.

DISTORSIONES DE ENERGÍA Y DRENAJE

Debido a que continuamente intercambias, estás expuesto y, a menudo, recoges energía de cualquier cosa y todo lo que te rodea, cada uno de tus cuerpos energéticos y tu aura puede distorsionarse y debilitarse, lo que hace que recojas energías negativas más fácilmente.

En sus interacciones cotidianas puede experimentar intercambios de energía saludables o no saludables. Los intercambios se considerarían insalubres cuando interfieran y debiliten tu aura, lo que debilitará y agotará tu energía. Si bien nadie tiene el derecho de tomar tu energía sin tu permiso, en muchos casos las personas que te dejan con la sensación de agotamiento están utilizando tus energías, a menudo sin darse cuenta, para complementar la suya y evitar tener que aumentar su propia energía. Si tu aura es débil, puede generar desagües de energía o muchos desechos de energía. Situaciones, eventos y otras personas son más propensas a inmiscuirse en tu energía, lo que te lleva a:

- Ser más fácil de manipular
- Drenarse y cansarse fácilmente
- Sentirse como un fracaso o inferior
- Ser influenciado para participar en una actividad cuando realmente no deseaba
- Tiene ideas, pensamientos y sentimientos extraños que no tienen nada que ver contigo
- Experimentando problemas de salud física
- Sentirse desequilibrado mental o emocionalmente
- Entrar en un entorno y sentirse incómodo instantáneamente
- Ser ineficaz en muchas o todas las situaciones de la vida

El aura también se ve afectada o debilitada por estados emocionales y mentales, más de lo que la mayoría cree, como el estrés continuo, el trauma emocional, los trastornos o desequilibrios mentales, los trastornos, la preocupación, el miedo y otras emociones y actitudes negativas. Los viejos hábitos y los resentimientos no resueltos dejan rastros de energía en su aura, por lo que es importante asegurarse de que esté emocionalmente saludable para que su aura sea fuerte y clara.

Aferrarse a las emociones negativas y pasar una gran cantidad de tiempo sintiéndose temeroso, celoso o enojado, puede alterar la claridad y el color de su aura.

Si se experimenta debilidad prolongada en su aura, pueden ocurrir agujeros y desgarros (manchas más oscuras). Por lo tanto, es importante que corrija cualquier intercambio insalubre de energía (sin decir una palabra) ya que puede controlar si otros comparten su energía o no.

Ver y Sentir el Aura

Hay dos maneras de ver el aura, intuitivamente con el ojo / sentido / sensación de la mente y objetivamente con los ojos físicos. Algunas personas siempre han sido capaces de ver auras, sin entrenarse ni intentar conscientemente. La mayoría de los niños son naturalmente capaces de percibir y ver auras, pero a menudo pierden esta habilidad a medida que maduran porque a menudo no están programados para creer que sus percepciones son imaginarias e irreales por lo que cierran sus habilidades naturales.

Las personas pueden sentir, percibir o sentir el aura de varias maneras:

- el mismo color (visto o de alguna manera 'sentido')
- como texturas (pegajoso, resbaladizo, duro, suave, etc.)
- temperaturas (frías, calientes, cálidas, etc.)
- un tipo de percepción o un "conocimiento" (sentir algo y no tener palabras para describirlo)

Los colores, qué tan claros son, así como en qué parte del aura se encuentran los colores, el tamaño y la forma del aura proporcionan información sobre el bienestar físico, emocional, mental y espiritual de la persona. Debido a que esta habilidad es innata, solo debemos recordar o 'reinarn' cómo percibir o tal vez auras nuevamente. Aprender a ver y sentir el aura es muy importante para desarrollar tus habilidades psíquicas, ya que ambas son efectivas para obtener información.

Aprendiendo a Ver el Aura

Cualquiera puede aprender objetiva y físicamente a ver el aura, ya que es una habilidad natural. Percibir físicamente el aura a menudo ayuda a mantener fuera de su camino el aspecto "dudoso" de su conciencia, ya que proporciona una conciencia más "tangible" de los campos de energía sutil. Las auras se suelen ver relajando los ojos y permitiéndoles desenfocarse. Así que puedes comenzar a volver a formarte para ver físicamente el aura estimulando tus ojos para detectar sutiles emanaciones de luz, fortaleciendo los músculos oculares y controlando más tu visión. Al tratar de ver un aura, es importante comenzar por buscar sutiles impresiones de color en lugar de colores sólidos o vivos, para meditar y relajarse antes de intentar, no para forzarte ni para concentrarte demasiado, ya que esto puede bloquear tu progreso. No se desanime si no ve mucho durante sus intentos iniciales, sea paciente consigo mismo y siga intentándolo.

Aprendiendo a Sentir el Aura

La mente consciente por lo general solo es consciente de en qué se enfoca, lo que se experimenta a través de los cinco sentidos del gusto, el tacto, la vista, el sonido y el olfato. Entonces puedes usar el método intuitivo para ver el aura dentro de tu mente y / o experimentarla a través de los cinco sentidos en lugar de hacerlo a través de tus ojos físicos. Ver el aura de esta manera implica aprender a relajar y visualizar a ti mismo oa la otra persona dentro de tu mente y luego preguntarle a tu yo intuitivo acerca de la energía del aura. Puede comenzar haciendo preguntas como:

1. ¿Cuál es el color primario del aura de esta persona?

2. ¿Qué otros colores hay y dónde están más fuertemente ubicados?
3. Qué reflejan estos colores la energía de esta persona en los niveles físico, emocional, mental y espiritual?

Ser sensible a cómo se siente la energía y las diferentes sensaciones táctiles que se atribuyen a la energía es una habilidad que puede desarrollarse mediante la repetición y la paciencia. La mayoría de los sanadores pueden sentir, 'sentir' o percibir el aura y determinar intuitivamente las partes del cuerpo donde se necesita la curación. La mayoría de las veces, estas percepciones intuitivas del aura son tan cercanas y precisas como las percepciones físicas, si se interpretan correctamente.

EJERCICIOS DEL AURA

Puede desarrollar su capacidad para ver y / o sentir el aura pasando tiempo probando un ejercicio cada día al menos tres veces por semana. No establezca ningún límite de tiempo solo pruebe los ejercicios todos los días y, si es coherente, debería comenzar a ver y experimentar resultados significativos en uno o dos meses.

LEER E INTERPRETAR EL AURA

Cuando lees el aura a otras personas, es importante recordar que se están abriendo a ti a nivel personal, física, emocional, mental y espiritual. Las personas pueden ser influenciadas en algunos niveles muy dinámicos durante una lectura de aura, por lo que es. Es importante recordar que la energía fluye hacia dónde van los pensamientos, por lo que no sembrar semillas negativas, inmiscuirse en su libre albedrío y ser considerado y sensible con su comunicación. Algunas otras cosas importantes a tener en cuenta incluyen:

- Sé consciente de tu propia energía ya que a veces puedes combinar un color de tu aura con el de otra persona
- No juzgues a las personas en función de lo que ves en su aura: abren las observaciones, explican las posibilidades y luego dejan que la persona tome sus propias decisiones y elecciones.
- Use su intuición para determinar cómo comunicar la información a la persona de manera apropiada y respetuosa
- Recuerde que las auras pueden cambiar con frecuencia en función de las emociones y la actividad física o mental
- No tiene permiso para sintonizar otras energías sin su permiso; incluso si percibe algo, no tiene derecho a revelar información a menos que le inviten a hacerlo.

A medida que desarrollan su visión áurica, comenzarán a ver auras alrededor de todos y de todas las cosas, sin embargo, pueden activar y desactivar esta habilidad a voluntad.

Nota: solo los médicos están autorizados para diagnosticar, recetar o recomendar un tratamiento. Puede ofrecer consejos, hablar de métodos que haya escuchado que deseen explorar, pero no puede diagnosticar ni prescribir.

COLOR

El color es una propiedad de la luz y es una parte íntima de nuestras vidas que nos afecta y nos refleja a todos. Cuando la luz se descompone en diferentes longitudes de onda, terminamos con diferentes colores. Los colores en el aura se pueden interpretar de muchas maneras y pueden proporcionar una idea de la personalidad del individuo y evaluar sus actitudes, estados de ánimo, patrones de energía, aptitudes, debilidades y fortalezas. Los colores también pueden ser constructivos o destructivos, estimular o deprimir, repeler o atraer el carácter masculino o femenino, positivo o negativo.

Si bien es importante leer el aura humana para aprender a usar su propia intuición, las siguientes interpretaciones de lo que significan los diferentes colores dentro del aura se han proporcionado solo como pautas. Hay muchas variables a considerar y cada individuo debe leer e interpretar de manera única

- **Roja:** Circulación, pasión, ira, lujuria y agresión, poder, fuerza, competitiva, orientado a la supervivencia, activo, fundamentado, realista, materialista
- **Naranja:** Actividad, vitalidad, apertura de una nueva conciencia, edificante, absorbente e inspirador, calidez, creatividad, poder, coraje, alegría, extrovertida, preocupación, vanidad, desequilibrio emocional, agitación, capacidad y / o deseo de controlar a las personas
- **Amarillo:** Conciencia psíquica y espiritual, clarisentiencia, sabiduría, inteligencia, amor al aprendizaje, estimulación mental y nuevas oportunidades, ideas y conceptos, ligereza, espontáneo, regocijo, alegre, alegre, juguetón, amante de la diversión, infantil, confiado, optimista y esperanzado, capacidad para alegrar la vida, atención al detalle, habilidades organizativas, pensamiento disciplinado y excesivo, analizar, demasiado crítico, sentirse privado de reconocimiento

- **Verde:** Equilibrio, habilidades curativas, abundancia, fuerza, amistad, sensibilidad, cuidado, compasión, crecimiento, simpatía, calma, confiable, confiable, de mente abierta, incertidumbre, inquebrantable, retención de afecto, dinero y / o tiempo, celos, posesividad, dudas y desconfianza
- **Violeta Y Púrpura:** Yo superior, valores, propósito en la vida, combina el corazón y la mente, físico y espiritual, calor, transmutación, independencia, intuición, sueños, practicidad, humanidad, espiritualidad, búsqueda, necesidad de un mayor esfuerzo individual, necesidad de superar algo, autoritario, necesitando simpatía y sentirse incomprendido
- **Rosado:** Compasión, amor incondicional, alegría, consuelo, cuidado, empatía, fuerte sentido de compañía, amor por el arte y la belleza, mal humor, inmadurez, veracidad o falta de honestidad, tiempos de nuevo amor y nueva vision
- **Oro:** Pureza, espiritualidad, llegar al poder, devoción, armonía, entusiasmo, inspiración, revitalización, proceso de despertar una sabiduría superior que no se ha aclarado en la vida
- **Negro:** Falta de color, protección contra energías externas, secretos, cargas, sacrificios, traumas físicos o emocionales, enfermedades o lesiones graves, desequilibrios, "agujeros" o "brechas", indicación de abuso o uso de Drogas
- **Blanco:** Pureza, verdad, sabiduría, energía limpiadora y purificadora, despertando una mayor creatividad
- **Gris:** Iniciación, movimiento hacia habilidades innatas, iluminación, intuición, imaginación creativa,

desequilibrio físico, necesidad de no dejar ninguna tarea incompleta, secreta, personalidad de lobo solitario
- **Marrón:** Tierra, nuevo crecimiento, nuevas raíces, deseo de lograr, industria, oranización, falta o necesidad de discriminación, energía bloqueada, necesidad de limpieza

También puede ver luces centelleantes suaves, generalmente muy brillantes y plateadas, dentro del aura. Estos son un signo de gran creatividad, fertilidad (a menudo alrededor de las mujeres que están embarazadas o que acaban de dar a luz), positiva, o se abrirá una puerta beneficiosa que generalmente es dinámica y muy positiva.

Cuando experimentas emociones y salud física positiva, los colores dentro del aura suelen ser brillantes, claros y vibrantes. Sin embargo, la negatividad generará colores más oscuros, turbios y menos vibrantes. Debido a que a menudo hay más de un color en el aura, cada uno reflejando diferentes aspectos, es extremadamente importante aprender cómo estos interactúan y el tipo de combinaciones de efectos que pueden tener.

Ubicación

La ubicación del color en el aura proporciona pistas adicionales sobre su significado y cómo se relaciona con la vida de la persona. Si aparece alrededor de la cabeza, indica el enfoque mental de la persona hacia el mundo, mientras que sobre la cabeza refleja una naturaleza espiritual.

La capacidad de una persona de dar y recibir se encuentra alrededor de los brazos y las manos, con un patrón claro y libre que indica que la persona puede buscar y aceptar ayuda cuando sea necesario, así como brindar ayuda gratuita a los demás cuando la buscan. La energía que aparece sobre el cofre simboliza la capacidad de la persona para relacionarse con los demás, qué tan bien se expresan y si tienen o no empatía y compasión por los demás. A través de la parte posterior está el símbolo del pasado y el subconsciente, con un color fangoso o sucio en esta área indica que la persona está cargando viejas heridas y rabia o negando problemas que causan desequilibrio emocional. Finalmente, la energía que aparece alrededor de las piernas y los pies se relaciona con cuán estable es la vida de la persona y si han creado una base sólida sobre la cual apoyarse. Si es escasa o está obstruida, indica que la persona no está "castigada" y propensa a la deriva en la vida.

Tamaño y Patrón

El tamaño y el patrón del aura, ya sea grande, pequeño, ausente o saludable y equilibrado, también le proporciona información, y las personas generalmente tienen uno de los siguientes patrones más que los demás:

Aura grande: extenderse de par en par. Fácil de perder contacto con el ser interno, concentrarse demasiado en cosas que están fuera de sí mismo y puede indicar que la persona se siente muy segura. Puede demostrar la intención de controlar o dominar a los demás, separarse demasiado y asumir demasiada responsabilidad por los demás.

Aura pequeña / retirada: a menudo indica miedo en algún nivel, lo que facilita perder el sentido del Ser, ya que apaga el flujo saludable de energía. Podría indicar que la persona está tratando de esconderse, esperando que no atraiga la atención, reteniendo su energía hasta que se sientan seguros para liberarla y permitir que la energía fluya.

Ausencia de aura: es posible que la persona haya sido "extraída" inconscientemente y que esté fuera de su cuerpo como resultado de sentirse infeliz con la vida o de haber sido profundamente herido en algún nivel. Evitando temporalmente el dolor o los problemas que se enfrentan. Si la energía está por encima del cuerpo, la persona está ausente, en lugar de presente, en la vida. Dejar conscientemente tu cuerpo de vez en cuando no suele ser un problema.

Aura sana y equilibrada: se extiende alrededor del cuerpo, haciendo que la persona conozca a los demás y al mundo que los rodea, sin perder su sentido del Ser. Esto los ayuda a estar presentes y permite un flujo de energía saludable y equilibrado.

Forma

Cómo respondes a las experiencias de la vida también afecta la forma de tu sistema energético, con tu aura generalmente inclinada hacia una de las siguientes formas:

Aura Borrosa: puede indicar una falta de límites personales claros y dificultad para definir límites personales y decir 'no' a los demás. La persona tiende a tomar las cosas de los demás y queda atrapada en los problemas de otras personas, creyendo inconscientemente que "si quieres que la gente te caiga bien, no está bien establecer límites".

Aura Amurallada: puede indicar un intento defensivo para definir límites personales, levantando muros psíquicos y bloqueando a otros para sentirse seguros. La persona puede tener una tendencia a hacer valer su voluntad a través de la resistencia y el juicio.

Aura de Puntas: Un aura puntiaguda puede indicar que la persona se siente amenazada y lista para el conflicto, ha sido / está profundamente herida. Una persona con un aura puntiaguda generalmente tiene un historial de algún tipo de abuso: físico, sexual, mental, emocional, etc. Cuando una persona tiene este tipo de aura, es reactiva y con frecuencia dañará a otras personas, incluso aquellas que estar tratando de ayudar.

Aura Saludable/Neutral: una persona con un aura neutra saludable tiene un sentido claro de sí mismo y puede definir límites saludables con los demás. Se toma la autorresponsabilidad, posee espacio personal sin necesidad de luchar o defenderse y está facultado para responder neutralmente.

FORTALECIENDO EL AURA

Si no está consciente de cómo las fuerzas externas pueden afectarlo, puede terminar con debilidad en su propio campo energético que puede manifestarse en enfermedades físicas o desequilibrios mentales o emocionales. Es importante que reconozcas que tu campo de energía se ve afectado todos los días y que trabajas para protegerte de intrusiones no deseadas o intercambios de energía poco saludables. La clave para proteger sus energías radica en garantizar que tenga un aura fuerte, vitalizada y vibrante, de modo que se desvíen las energías negativas, drenantes y desequilibradas. Esto permitirá que tu energía sea más vibrante y tu aura se extenderá más lejos de tu cuerpo físico.

Fortalecer y refrescar su aura para que sea clara y vibrante lo ayudará a sentirse alerta y vital, aumentará su energía para hacer las cosas que necesita y desea hacer, además de ayudar a sanar su cuerpo más rápidamente y de manera más completa. Mientras más fuerte y vibrante sea tu aura, es menos probable que tomes energías negativas, drenantes y desequilibradas o seas afectado por la fuerza externa. Hay muchas formas simples de limpiar, fortalecer y proteger el aura humana que se describirán en detalle en capítulos posteriores.

SALUD FÍSICA

La mejor manera de fortalecer su aura es asegurarse de que se encuentre en buen estado físico de la siguiente manera:

- Beber 6-8 vasos de agua purificada o de manantial cada día

- Hacer ejercicio todos los días, ya sea caminar o bailar, etc. (cerca del mar o cerca de un árbol es lo más beneficioso)
- Comer frutas y verduras frescas, evitar los alimentos procesados y comer con menos frecuencia
- Dormir lo suficiente cada noche y dedicar al menos 30 minutos cada día a relajarse de una manera que disfrute
- Beber alcohol con moderación
- Evitar las drogas recreativas y el tabaco

Salud Emocional

También puede fortalecer su aura asegurándose de que se encuentra en un estado emocional y mental positivo al centrarse en reducir las áreas de su vida que causan estrés, ansiedad o malestar. Examina la compañía que mantienes, si estás en una relación donde sientes que siempre estás 'dando', pero tu amor, tu tiempo y tu atención no se devuelven, es probable que la otra persona esté drenando tu energía. Por lo tanto, es importante para mantener un aura saludable y fuerte para romper los patrones negativos en su vida.

Meditación

La meditación y los ejercicios pueden ayudarlo a mantener la salud y la fortaleza de su aura, así como también a protegerlo de intrusiones no deseadas o intercambios de energía poco saludables. La meditación lo aleja del ajetreo y el bullicio de la vida cotidiana y le permite realinearse yreconectarse de la manera que mejor lo respalde. No solo es una excelente manera de aliviar el estrés, las meditaciones pueden ayudarlo a desarrollar su conciencia de la energía, lo que le permite obtener una mayor conciencia de sí mismo, liberar grandes bloques personales y conectarse con dimensiones espirituales más elevadas. Permite que tu aura se abra para recibir simultáneamente energía positiva y curativa, al tiempo que libera energía estancada y negativa. La meditación Aura se complementa idealmente con la curación espiritual basada en la energía y la lecturapsíquica.

Música y Canto

La música es una forma realmente fácil de equilibrar el aura y mantenerla sana y fuerte. Los cantos gregorianos o la música clásica son muy purificadores de las energías negativas en su aura o en el entorno. El canto es el proceso que libera energía que hace que el recital de palabras y sonidos místicos sea misterioso y poderoso, y es una de las formas más fáciles de proteger el aura, especialmente si tiene problemas para visualizar. El ritmo del canto es crítico, con 10 a 15 minutos de un canto en particular que suele ser suficiente para experimentar sus efectos. El mantra más poderoso que puedes usar es OM, que corresponde al Amen egipcio, significa "chispa de la vida misma" y es el sonido del contacto con lo divino. Cuando enfatizas y prolongas la 'O', afectas a los demás y a tu propio campo áurico. Cuando el 'M' (zumbido) se prolonga, todo el efecto se produce más internamente. Cuando hagas sonar el Om, verás cómo tus formas de pensamiento limitadoras y obstaculizadoras se hacen añicos, los desechos de energía se limpian y tus energías se liberan. OM tiene el poder de limpiar, crear y liberar lo nuevo para que pueda pasar a expresiones de energía más altas. También es un llamado a la atención que asienta y estabiliza el aura y alinea los cuerpos sutiles. Cuando termine con su canto, aún debe escucharlo haciendo eco en su mente o tener un zumbido en los oídos para indicar que ha efectuado un cambio de energía.

Nota: ¡no todos experimentarán estas sensaciones!

HIERBAS, INCIENSO Y ACEITES ESENCIALES

Las fragancias, ya sean hierbas, incienso o aceites esenciales, también se pueden usar para proteger y fortalecer el campo áurico. Manchar, una tradición nativa americana es la práctica de usar el humo y la fragancia de varias hierbas para limpiar el aura y el medio ambiente. Las fragancias, ya sean inciensos o aceites esenciales, afectan más fuertemente el aura y las energías de naturaleza emocional y mental y se han utilizado para contrarrestar los efectos de las enfermedades y enfermedades, ya sean físicas, emocionales, mentales o espirituales. La combinación de salvia y hierba dulce es común para limpiar y equilibrar el aura. Frankincense tiene una vibración de alta energía y está limpiando y protegiendo al aura. Gardenia ayuda a evitar que los curanderos y consejeros se enreden demasiado en los problemas de los demás y fortalece el aura para mantener la objetividad emocional.

CRISTALES

La energía liberada por varios cristales y piedras se absorbe fácilmente en el campo áurico humano. Un cristal de cuarzo es una gran herramienta para proteger y fortalecer el aura. La energía inherente en el cristal de cuarzo es excelente para proteger, limpiar, amplificar y fortalecer. Los terminadores dobles (puntos y ambos extremos) son extremadamente efectivos para fortalecerse, especialmente si usted sabe que entrará en situaciones de tensión o drenaje.

Animales

Los animales también tienen auras que te afectan y pueden ayudar a equilibrar y estabilizar tus energías física, emocional, mental y espiritual.

Los Chacras

Hay centros de energía relacionados física y espiritualmente con varias partes de nuestros cuerpos, llamados chacras. La palabra chacra se deriva de la palabra en sánscrito que significa rueda porque a menudo se ven y / o se sienten como una rueda de energía que gira o rota continuamente. Hay siete puntos principales de chacra que abarcan todas las capas del cuerpo energético y se conectan con su cuerpo físico.

¿Qué?

Los chacras (centros de energía) son puntos de contacto con los aspectos de nuestro ser que están más allá de lo físico, pero también están intrínsecamente relacionados con el cuerpo que vemos y sentimos. Los chacras a menudo se representan simbólicamente como un loto, y cada uno tiene un número diferente de pétalos, y los chacras superiores tienen más pétalos para indicar su mayor frecuencia y vibración. A medida que la energía fluye a través de cada uno de los centros de chacra, se activan y comienzan a girar o florecer.

¿Dónde?

Los siete chacras principales se ejecutan verticalmente desde la base de la columna vertebral hasta la parte superior de la cabeza y corresponden a los puntos en el cuerpo donde se encuentran las principales glándulas hormonales. Aunque están fijos en la columna vertebral central, se encuentran tanto en la parte frontal como posterior del cuerpo, y funcionan a través de él. También hay puntos de chacra menores ubicados en las palmas de las manos, las plantas de los pies y en las articulaciones principales de los brazos y las piernas.

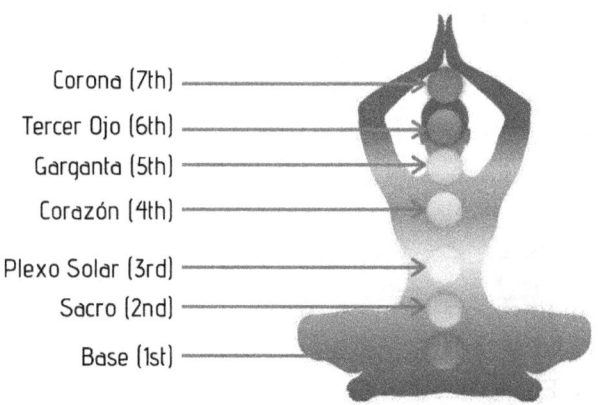

Chacra Base

El primer centro de energía que es de color rojo es el chacra base, ubicado en la base de la columna vertebral y el hueso púbico (entre el ano y los genitales). En un nivel físico, este chacra corresponde a los órganos reproductivos de las gónadas, la glándula suprarrenal, los riñones y la columna vertebral. El centro de energía base tiene sus necesidades básicas de supervivencia, seguridad y protección. Este chacra está fuertemente relacionado con tu conexión con la Madre

Tierra, ya que a través de este centro la energía de la tierra ingresa a tu cuerpo físico y te ayuda a estar conectado con el mundo físico. También es el centro de manifestación donde haces que las cosas sucedan en el mundo material (negocios o posesiones materiales).

La energía para tener éxito también proviene de este chacra. Tu energía vital (Kundalini) se almacena en el chacra base y todos los otros chacras confían en que sea clara y fluya libremente para que la energía pueda elevarse y nutrir todos los chacras. El chacra base rige su percepción del mundo físico, la fuerza de voluntad, la motivación y la intención, y se asocia con la estabilidad, la solidaridad, la unidad, la capacidad atlética, la base, la supervivencia, la sensualidad, el placer y el poder.

Chacra Sacro

El segundo chacra es el sacro, ubicado a medio camino entre el ombligo y la base de la columna vertebral y es de color naranja. El sacro, en un nivel físico, se asocia con el bazo, los riñones y la vejiga, así como la capacidad reproductiva. Está relacionado con el cuerpo emocional y es donde experimentas energía y placer sexual, creatividad, intuición y sentido de autoestima, así como tu sentido de inocencia y alegría infantil. Este chacra gobierna tu confianza en tu propia creatividad, la capacidad de relacionarte con los demás de una manera abierta y amistosa, así como en donde experimentas los sentimientos profundos asociados con la manifestación física. Se asocia con la diferencia, la separación, el cambio, la dualidad y el movimiento.

Chacra Plexo Solar

El plexo solar es el tercer chacra, ubicado a unos 5 centímetros por debajo del esternón en el centro detrás del estómago. Este chacra es de color amarillo y está asociado con el cuerpo mental, así como con el páncreas, el estómago, el hígado, la vesícula biliar, la parte superior del abdomen y el sistema nervioso. Juega un papel importante en su relación con el mundo y con las personas, los lugares y las cosas que lo componen, incluida su capacidad para conectarse, pertenecer y establecer relaciones íntimas a largo plazo, así como también sentimientos de satisfacción y confianza. A través del plexo solar experimentamos pensamientos, opiniones, juicios, transformaciones y encontramos el equilibrio. El plexo solar es el asiento de tu poder personal, el lugar del ego, la creatividad, las pasiones, los impulsos, la ira y la fuerza. También está asociado con el viaje astral y su apertura a conectarse con sus guías espirituales para el desarrollo psíquico y espiritual.

Chacra del Corazón

El cuarto centro de energía es el chacra del corazón, ubicado detrás del esternón en el frente y en la columna entre los omoplatos en la parte posterior. El chacra del corazón es de color verde, con un color secundario de rosa para el amor, y está asociado con el cuerpo astral, así como con el sistema inmunitario, el corazón, la sangre, el sistema circulatorio y el sistema endocrino. Es el epicentro del amor, la compasión, la curación y la espiritualidad que actúa como un puente entre los mundos físico y espiritual. El chacra del corazón es el centro del amor y el bienestar emocional y tiene la capacidad de amarte y aceptarte a ti mismo y a los demás incondicionalmente, así como a dar y recibir amor.

Chacra de la Garganta

El quinto chacra es la garganta que es de color azul y se encuentra en la V de la clavícula y en la parte inferior del cuello. Este chacra está relacionado con el cuerpo etérico y en el nivel físico está asociado con la garganta, los pulmones, la mandíbula, las cuerdas vocales, el tracto digestivo y la glándula tiroides. Es el centro de comunicación, sonido, autoexpresión, expresión de la creatividad a través del pensamiento, el habla y la escritura, así como su expresión de mayor voluntad espiritual. La garganta es donde se almacena la ira y finalmente se suelta, así como donde se encuentran la posibilidad de cambio, curación y transformación.

Chacra del Tercer Ojo

El tercer ojo es el sexto chacra que es índigo y se encuentra en el centro de la ceja entre las cejas. Este centro de energía está relacionado con el cuerpo celeste y físicamente con la glándula pineal o pituitaria, el hipotálamo, el ojo izquierdo, las orejas, la nariz y el sistema nervioso central. El tercer ojo tiene control sobre ver, no solo en el sentido físico, sino en el sentido espiritual. Es donde entran la capacidad psíquica, la intuición superior, la clarividencia, los conocimientos espirituales, la sabiduría y otras formas de conocimiento, así como las energías del espíritu y la luz. A través del poder del sexto chacra, puedes recibir guía, canalizar y sintonizar tu Ser Superior También puedes usar el poder de este chacra para visualizar y ver cosas en tu mente para ayudar a crear nuevas realidades para ti en el plano físico, así como para purificar tendencias negativas y eliminar actitudes egoístas.

Chacra de la Corona

El séptimo chacra se conoce como la Corona y se encuentra en la parte superior de la cabeza y es de color violeta / blanco. Está vinculado a la glándula pineal, el cerebro superior, el ojo derecho y sirve como el punto de entrada para que la energía Universal / Espiritual ingrese en sus cuerpos y luego fluya a través de los otros seis chacras inferiores. La corona está vinculada a la espiritualidad, la iluminación, la trascendencia, la conciencia y es a través de este centro de energía que recibes la sabiduría y la guía más elevada. También influye en la voluntad espiritual, la inspiración, el idealismo y es nuestra conexión con el Universo. Hay un cordón de plata que conecta el aura y los cuerpos de energía que se extiende desde la corona. Tu alma entra a tu cuerpo físico a través de la corona al nacer y se va de la corona al morir.

Chacra Menor

También hay 21 chacras "menores" distribuidos por todo el cuerpo en las plantas de los pies, las manos, las rodillas, las palmas de las manos, los codos, la ingle, las clavículas, el ombligo, los hombros y la oreja. Estos chacras no están asociados con las glándulas endocrinas y, por lo tanto, tienen un impacto menor en nuestros cuerpos físicos.

Es importante aprender sobre su energía para que no se altere tan fácilmente ni se vea afectado por las energías de otras personas, particularmente las energías negativas. También es importante aprender a controlar conscientemente su campo de energía para que pueda interactuar y ajustarse a los campos de energía de otras personas o al medio ambiente tan fuerte o débilmente como sea necesario. Cuanto más desarrolles la capacidad natural de controlar tu energía, a través de la expansión y contracción de tu aura, tendrás un mayor control sobre tu propia vida y entorno.

Cuanto más sensible seas convertirte en tu aura, más podrás reconocer y controlar qué energías permites dentro y fuera de ella. Además, a medida que desarrollas la capacidad de ver y sentir los aspectos más sutiles de la vida, eres bendecido de otras maneras. Tu intuición se desarrolla y aumenta, y la alegría y maravilla infantil de la vida regresa.

¡Todos los días se convierte en una aventura! ¡Cada día se convierte en una nueva bendición! Conocer el aura, la energía universal y cómo afecta el aura, y cómo usar esta energía para curar el aura es una parte vitalmente importante de la curación mágica. Recuerda, cada vez que tienes una fuerte reacción emocional, mental o espiritual, hay un cambio correspondiente en el aura que puede afectar el color, la forma, etc. Las actividades en las que te involucras se reflejan en tu aura.

Chapter 2. Capítulo 2: Centrado

Muchos maestros espirituales hablan de "centrarse", lo que significa reunir todas sus energías dispersas en su núcleo, en el centro de su cuerpo, para que su energía vibre a frecuencias más altas. Centrar es el primer paso para comenzar a explorar sus dones espirituales y trabajar con el Espíritu. Implica ubicar su conciencia en su respiración y su centro de poder personal, ya sea su tercer ojo, corazón o chacra del plexo solar, lo que sea adecuado para usted. Cuando estás centrado, te permite devolver tu atención consciente al momento presente en el tiempo y devolver cualquier energía dispersa al centro de tu cuerpo. Entonces, cuando escuchan a alguien hablar acerca de "centrarse", están diciendo que necesitan 'unirse' espiritualmente al poner su atención y energías en el centro de su ser.

Alerta Consiente

La conciencia se refiere a su conocimiento personal de sus propios pensamientos, recuerdos, sentimientos, sensaciones, acciones y entorno que cambian y cambian constantemente. Cuando eres conscientemente consciente, puedes tomar decisiones suaves y sin esfuerzo que pueden cambiar tus pensamientos y emociones de un momento a otro, lo que a su vez tiene un impacto en tus experiencias.

Pasado Presente y Futuro

Cuando tu energía se dispersa y te enfocas en tus necesidades externas, es probable que te hayas deslizado en pensamientos, emociones y patrones de comportamiento basados en el miedo. Cuando estás viviendo con miedo, estás viviendo en el pasado o en el futuro y tus pensamientos, decisiones y acciones están motivados por el miedo (por ejemplo, miedo a la muerte, la soledad, la pobreza o el dolor). Algunos de los miedos comunes que puede experimentar que le impiden ser su ser auténtico incluyen:

- Éxito
- Intimidad
- Tomar decisions
- Decepcionar a los demás
- Ser pobre
- Conflicto
- Cambio e Incertidumbre
- Compromiso
- Hablando
- Perder a alguien
- Rechazo
- Espíritu
- Fracaso
- Soledad
- Ser digno
- Falta de tiempo
- Falta de amor
- Falta de apoyo
- No se consigue lo que se quiere
- Falta de conocimiento

Cuando estás motivado por el miedo, la vida parece ser estresante y una lucha constante con un sentimiento de insatisfacción a pesar de tus logros. Te sientes inseguro y como si no fuera suficiente, a pesar de todo lo que has logrado y acumulado. Cuando estás viviendo en el pasado o en el futuro las oportunidades y experiencias también parecen pasarte porque no estás en el momento presente y siéntate pasivamente y deja que las cosas sucedan, tus puntos de vista sobre tus propias fortalezas y debilidades se ven perjudicados, lo que resulta en una resistencia y falta de coraje para enfrentarte al verdadero yo. Cuando vives con miedo, no hay paz ni contento real, tus emociones y pensamientos están entumecidos, lo que resulta en decisiones y juicios deficientes que te llevan a más miedo. Cuando estás sentado en un espacio de miedo, atraes experiencias basadas en el miedo y más problemas en tu vida.

Mientras más temeroso seas, más sentirás la necesidad de controlar todo en tu vida. El miedo también puede provocar que te quedes paralizado en la inacción. Así que el miedo es una energía negativa que te mantiene atrapado en viejos hábitos, creencias y acciones como una forma de mantenerte en el espacio donde te sientes cómodo y te impide aprender y crecer. Si tienes miedo de ver, escuchar o sentir a los Espíritus, también te retendrás y te detendrás para avanzar en tu desarrollo espiritual.

Cuando reúnes tu atención y energía en tu núcleo, estás viviendo en el momento presente y tienes un enfoque interno. Esto te permite tomar conciencia de tus pensamientos y emociones en el momento presente.

Intencionadamente puedes elegir una y otra vez en cada momento para estar presente y concentrarte en lo que sucede a tu alrededor, sin distracciones. Al estar presente, puedes elegir conscientemente mejorar tus pensamientos, actitudes, creencias y conductas y aprender a llenarte de energías positivas tales como la alegría, el placer, la gratitud, la autoestima y la abundancia en cada momento. Cuando estés presente, comenzarás a ver cosas que antes te causaban frustración, como esperar en la cola o en el semáforo, como oportunidades para practicar la conciencia y volver a tu centro y al momento. También te sientes libre, no necesitas controlar o manipular eventos o personas y tienes una sensación de paz interior, serenidad y satisfacción.

AUTÉNTICO YO

Vivir conscientemente requiere presencia absoluta, lo que significa ser tú, ser auténtico. Cuando eres tú, ser auténtico, te conoces a ti mismo, tu personalidad, tus conductas aprendidas, tus valores, creencias, necesidades, objetivos y motivos. Usted sabe cuáles son sus puntos fuertes, tiene el coraje de reconocer sus limitaciones, aceptar su vulnerabilidad y comprender que hay cosas que puede cambiar y cosas que no. Cuando estás viviendo auténticamente, vives de forma abierta y honesta, además de aceptarte y apreciarte a ti mismo y permitir que otros hagan lo mismo, incluso si los demás no aprecian el yo real (cuerpo, mente y corazón). Usted puede reflexionar sobre las decisiones que ha tomado, los eventos que han tenido lugar y reconocer a las personas que han contribuido a lo que usted es. Como persona auténtica, usted es congruente y está en consonancia con sus valores, creencias y acciones; es decir, hace lo que dice al caminar.

Cuando eres tú ser auténtico, tienes la confianza para ser humilde y sentirte satisfecho, completo, completo y conscientemente consciente de quién eres y de tu energía.

Viviendo en Integridad

Cuando eres conscientemente consciente y presente, puedes vivir tu vida en integridad siendo abierto y honesto contigo mismo y con quienes te rodean. Si la honestidad es un desafío para usted, es más que probable que no sea honesto consigo mismo. Cuando le cuentas mentiras a otras personas, incluso mentiras piadosas, esencialmente estás siendo deshonesto contigo mismo y hay más que probablemente otras áreas de tu vida en las que te estás mintiendo a ti mismo. Mientras más abierto y honesto seas capaz de ser acerca de tus propios pensamientos y sentimientos, más consciente y capaz eres de aceptar la verdad y decir la verdad. Por lo tanto, es importante asegurarse de que las palabras, los pensamientos, los sentimientos y las acciones que elija en cada momento sean honestos y en alineación directa con sus valores fundamentales y para el mayor bien de todos los interesados. Al ser completamente abierto y honesto, entonces puede estar completamente en su poder, desde un espacio de fortaleza, coraje y compasión para usted y los que le rodean. Por lo tanto, al vivir en el momento presente y enfocarse en sus necesidades internas, usted está centrando su energía y haciéndose más consciente de lo que está sucediendo a su alrededor para que pueda aprender, crecer y avanzar en su viaje.

Habla tu Verdad

Hablar de su verdad es un aspecto esencial de vivir su vida con autenticidad e integridad. No se trata de compartir sus opiniones, se trata de expresar lo que piensa y siente de una manera clara, auténtica y vulnerable. Cuando dices tu verdad, tienes el coraje de tener conversaciones difíciles, incluso si tiemblas o te tiembla la voz o te da un vuelco el corazón, lo que generalmente sucede cuando te vuelves auténtico y te permites ser vulnerable. Tus acciones también están en alineación directa con tus palabras cuando dices tu verdad, ya que estás abarcando y expresando completamente tu ser auténtico.

Por lo tanto, es importante tener el coraje de hablar en todas las áreas de tu vida, ya sea en el trabajo, en tu relación, con familiares y amigos o con personas con las que te encuentres en tu vida cotidiana.

Perspectiva más Alta

Cuando te vuelves más conscientemente consciente, puedes ver tu vida y los eventos, situaciones, pensamientos, percepciones y emociones dentro de ella, desde una perspectiva diferente y más elevada. Vivir bajo una perspectiva más alta, te permite ver las cosas tal como son y entender que todo lo que te sucede es una invitación a elevarte y aprender y crecer.

A lo largo de su vida cotidiana, puede encontrarse con personas que viven con miedo y sus pensamientos, emociones y patrones de comportamiento se alimentan de su miedo subyacente que a su vez atrae más problemas y experiencias negativas en sus vidas. Es importante que te vuelvas consciente en cada momento de cualquier pensamiento, emoción y acción basada en el miedo que esté teniendo lugar para que puedas asumir la responsabilidad de verlos desde una perspectiva más elevada al preguntarte qué es lo que esta persona o situación me está enseñando.? Al hacer esto, podrá identificarse con lo que está sucediendo, tanto externa como internamente, y hacer una toma de conciencia la opción de tomar conciencia del aprendizaje dentro de ella y permanecer tranquilo y en paz, sin permitir que los eventos o las personas dentro de ti reduzcan tu energía. Si bien puede haber algunos eventos que tengan un impacto y disminuyan tu energía por un tiempo, es importante que puedas despegarte emocionalmente, encontrar tu centro y superar la situación para encontrar una perspectiva más elevada.

Recuerde, en cada momento puede hacer una elección consciente y, como tal, puede negarse a participar en cualquier pensamiento, emoción o situación que reduzca su conciencia a un espacio de miedo.

Compasión

Uno de los aspectos más importantes para tomar conciencia más consciente es desarrollar la verdadera compasión, la fuente del amor incondicional y la conexión con usted mismo, los demás y todo lo que existe.

Tener compasión significa que usted tiene la capacidad de comprender su propio estado emocional y el de otros, así como el deseo de aliviar o reducir su dolor y angustia. Cuando tienes compasión, a menudo también muestras empatía, que es la capacidad de ponerte en los zapatos de la otra persona. Tener compasión o empatía no significa sentir lástima por ti mismo o por los demás o complacer tu propia debilidad o la de los demás, ya que esto solo sirve para mantenerte en el rol de víctima. Tampoco significa hacer por otra persona lo que pueden hacer por sí mismos, ya que esto no los ayudaría a obtener el aprendizaje y el conocimiento de la situación y, por lo tanto, no serviría a su mayor bien. El mejor tipo de compasión que puede mostrar a los demás es permitir a experimentar sus emociones sin causarles más dolor o angustia.

A lo largo de su vida, es posible que también le hayan enseñado a tener una visión dualista de las personas, los eventos y las circunstancias, viéndolos como buenos o malos, correctos o incorrectos, negros o blancos. Sin embargo, cuando ve las cosas de esta manera, de hecho, está juzgando a personas o eventos en función de sus propios valores, creencias y experiencias subyacentes que a su vez lo desconectan de usted, de los demás y de todo lo que es. La capacidad de ofrecer compasión, empatía y amor incondicional, lo ayuda a comprender y ver que todos estamos conectados, que no hay dualidades y elevar a los demás para que puedan desarrollar todo su potencial. Para elevar su conciencia, es importante aprender a mostrar empatía y compasión y amar a todos y todo, sin importar qué.

Claridad

Cuando estás centrado, tienes claridad que te ayuda a enfocar tu mente y te da el poder de pensar y actuar inteligentemente. Sin embargo, cuando tus pensamientos carecen de enfoque y dirección, y sigues pensando, sintiendo y tomando las mismas acciones, careces de claridad y no estás centrado en el momento presente. Puede centrarse de nuevo al sentarse y obtener claridad sobre lo que realmente desea y establecer metas que puede tomar medidas positivas para lograr.

¿POR QUÉ?

Cuando tu energía está "fuera" de tu cuerpo (no centrada), por lo general estás tratando de "obtener algo" para satisfacer una necesidad desde fuera de ti. Por ejemplo, su energía puede estar dispersa como resultado de tratar de satisfacer su necesidad de poder expresarse, ser escuchado y aceptado, ser amado, apoyado y feliz. Cuando ingresas en un espacio en el que intentas obtener algo o satisfacer una necesidad fuera de ti mismo, puedes sentirte abrumado, ansioso, estresado y lleno de dudas y miedos. Algunas de las señales de que usted no puede estar centrado incluyen:

- Pensamiento desordenado y desorientado
- Llevar tensión dentro de su cuerpo físico
- Comer en exceso
- Estar atrapado en una niebla mental e incapaz de ver claramente
- Preocuparse innecesariamente por 'qué pasaría si'
- Constantemente distraído por cuestiones y pensamientos triviales
- Ser reactivo a eventos y circunstancias en lugar de proactivo
- Ver y observar cosas desde una perspectiva negativa e inexacta
- Juzgar y separarse de los demás (por ejemplo, chismorrear y hablar negativamente sobre las personas a sus espaldas)
- Aferrarse a creencias falsas que le restan poder y le impiden avanzar

- Pensamientos negativos continuos y patrones emocionales negativos porque se sienten seguros y cómodos, incluso si son dolorosos
- Sentirse como si no estuviera completamente allí (por ejemplo, las luces están encendidas, pero no hay nadie en casa)
- Hacer lo que otros te dicen que hagas (por ejemplo, hacer lo correcto por otros)
- Sentirseimpotenteparacambiarlascircunstanciasensuvida

Cuando te vuelves más centrado y consciente en el momento, eres capaz de:

- Permanecer en el presente en lugar de pensar en el pasado o el futuro
- Tomar decisiones deliberadas, inteligentes y atentos
- Mantener un estado emocional positivo independientemente de las condiciones a tu alrededor
- Liberar y soltar energías, creencias y patrones de comportamiento que son
- desempoderantes
- Desarrollar nuevas creencias de empoderamiento y formas de comportarse en el mundo
- Comprender y ser consciente de sus procesos de pensamiento, emociones y comportamientos
- Mantente enfocado en tu propósito, metas y lo que es importante para ti
- Ser auténtico y fiel a ti mismo y a los demás acerca de tus valores, creencias y quién eres
- Elevar su vibración espiritual para mejorar su conexión y trabajar con el Espíritu

¿Cuándo y Dónde?

Muchas personas, si no la mayoría, centran su energía antes de aterrizar y nuevamente después de cualquier trabajo espiritual. Alternativamente, puedes centrar tu energía en cualquier momento dado cuando sientas la necesidad.

¿Cómo?

Puedes centrarte y devolver toda tu energía al centro de tu cuerpo de varias maneras. Algunas de las formas más populares en las que puede hacer esto se describen a continuación. Es importante que encuentre qué método o combinación de métodos funcionan mejor para usted.

RESPIRAR

Es probable que muchos de ustedes se centren regularmente sin ser conscientes de que eso es lo que están haciendo. La manera más rápida y conveniente de centrarte es respirando profundamente, lo que te devuelve tu atención al momento presente y te ayuda a tomar conciencia de tus pensamientos, sentimientos y acciones. Centrarse en la respiración también es una manera muy simple de despejar su mente de cualquier charla excesiva al regresar a un lugar donde se sienta tranquilo y en paz. Puedes hacer esto simplemente tomando varias respiraciones profundas y lentas a través de la nariz y hacia afuera por la boca, llevando tu atención a tu respiración por unos momentos, o hasta que te sientas relajado. Entonces, cada vez que sus pensamientos o energía parezcan dispersos, puede aquietarlos y centrarlos respirando profundamente.

Diario

La parte más importante de centrarse es llegar a ser plenamente consciente de quién es usted, es decir, ponerse en contacto con su ser auténtico. El diario es una manera extremadamente poderosa para ayudarlo a centrarse y concientizar más conscientemente sus propios pensamientos, recuerdos, sentimientos, sensaciones, acciones y entorno. Al anotar sus experiencias, pensamientos y sentimientos diarios, está aprendiendo más acerca de quién es usted al permitirse el espacio para ser completamente abierto y honesto, y para obtener claridad sobre lo que funciona y lo que no funciona para usted, para que pueda hacer elecciones positivas que te ayuden a dar un paso adelante. El diario también le permite tomarse un tiempo para reflexionar conscientemente sobre los eventos y circunstancias dentro de su vida para que luego pueda comenzar a buscar el aprendizaje en ellos y verlos desde una perspectiva diferente y más elevada. También puedes comenzar a descubrir capas de creencias y patrones de comportamiento que no te sirven y bloquear tu camino para que luego puedas comenzar a tomar medidas para deshacerte de estas creencias y patrones y encontrar tu ser auténtico. Una forma de comenzar este proceso es mediante:

1. Escribir una lista de palabras que describa quién quiere ser, quién cree que puede ser
2. Escriba otra lista de palabras que describa quién es usted hoy
3. Mire estas dos listas y compare cuántas palabras son iguales o diferentes en cada una
4. Reflexione y considere qué cambios podría realizar para alinearse más completamente con quién quiere ser

Al escribir un diario, también estarás más conectado con tu intuición y tu Espíritu, por lo tanto, aumentando tu vibración espiritual. Esto le ayuda a estar más consciente de la orientación que está recibiendo en su vida cotidiana. Cuando escribe en su diario, también puede pedir ayuda y orientación con asuntos específicos cuando sea necesario y obtener conocimiento sobre cómo funcionan sus dones espirituales al conectarse consigo mismo en lugar de permitir que otros le digan cómo trabajar.

Comida y Ejercicio

Para estar más centrado, es importante que conscientemente cuides tu cuerpo físico y que estés al tanto de los alimentos que le estás poniendo. Es extremadamente importante considerar el efecto que la comida que está poniendo en su cuerpo tiene sobre su energía, no solo a corto plazo sino también a largo plazo. Además, para mantener un cuerpo físico saludable con energía ligera y vibrante, es importante que realice algún tipo de ejercicio, como caminar a paso ligero, trotar ligero u otra actividad cardiovascular al menos 2-4 veces por semana. El yoga o las artes marciales también pueden ayudarlo a cambiar la energía alrededor de su cuerpo sin perder el equilibrio físico y espiritual, por lo tanto, lo mantendrán muy centrado en su cuerpo. Al tomar decisiones conscientes con respecto a sus hábitos alimenticios y de ejercicio dentro de cada momento, podrá crear nuevos patrones de comportamiento que permitirán que su energía fluya libremente y reduzca la probabilidad de enfermedad.

Camina un Laberinto

Un laberinto es un tipo de mandala que ha existido por más de 4000 años y es una parte integral de muchas culturas, incluyendo nativo americano, griego, celta y maya. Se encuentran en muchos tamaños y formas, y se crean a partir de arena, harina de maíz, harina, cuerda y se pueden construir a partir de piedras, rocas o césped o se forman de forma natural por montones de tierra, vegetación y otros materiales naturales. Un laberinto es un lugar verdaderamente sagrado que tiene un camino que conduce directamente al centro y vuelve a salir, sin callejones sin salida, lo que los convierte en una herramienta ideal para ayudarlo a centrarse. Caminar por un laberinto es una experiencia personal que te ayuda a concentrarte en el momento presente, despejar la mente, ganar claridad, meditar y reflexionar conscientemente sobre las experiencias de tu vida y tu viaje.

Miedo y Liberación de Miedos

Cuando sientas que tus pensamientos, emociones y acciones provienen de un espacio de miedo, es importante que tengas el coraje de examinar conscientemente estos miedos, ya que son lo que te mantiene atrapado en viejos patrones de pensamiento, emociones negativas y formas de comportarse. Al centrarte y enfrentar tus miedos, es menos probable que te frenen, más desaparece el miedo y los problemas se transforman en oportunidades. Puedes comenzar a examinar tus miedos de la siguiente manera:

1. Educarse sobre cuáles son sus miedos y por qué existen
2. Comprende y toma conciencia de cómo estos temores se han desarrollado en tu vida
3. Prepárate para la forma en que darás un paso adelante y tomarás las riendas enfrentando tus miedos si vuelven a surgir

4. Libere y libere cualquier temor irracional y reemplácelos con pensamientos, emociones y comportamientos más racionales que lo ayuden a avanzar.

Si ves, escuchas o sientes Espíritus y te vuelves temeroso, esto podría estar impidiéndote avanzar en tu viaje espiritual. Para vencer su miedo, debe tener el valor de educar, informar y prepararse para que pueda hacerse cargo de cómo y cuándo recibe la información. Puede comenzar a hacer esto al establecer límites con espíritu alrededor de cómo desea trabajar y cuándo. Se incluyen más detalles sobre la creación de límites en el capítulo 6 sobre Protección espiritual. Esto te ayudará a desarrollar confianza (lo opuesto al miedo) y ser capaz de hablar conscientemente con tus Guías Espirituales acerca de tus límites para que la información llegue a ti a un ritmo que te haga sentir más cómodo. Recuerde, ese miedo atrae más cosas de las que temer, que pueden incluir Espíritus que pasaron por alto que tenían miedo mientras estaban en esta Tierra, por lo que es importante que tenga el coraje de hacerse cargo, ya que la comunicación con el Espíritu es un dos ¡proceso de ruta y usted tiene el control!

Gente

Las personas que no están centradas tienen un nivel de conciencia más bajo, están centradas en sus necesidades externas, en en el pasado, temerosas (particularmente sobre el futuro), negativas en sus palabras, pensamientos y emociones y generalmente indiferentes a la vida. Si estás continuamente asociándote con personas a esta vibración energética, esto también hará que disminuyas tu vibración. Por lo tanto, para permanecer centrado, es importante que te rodees de personas que tienen un enfoque interno, están presentes y conscientes. Esto luego te ayudará a permanecer centrado, elevar tu conciencia y vibración espiritual. También puede pasar tiempo con aquellos que están en una vibración espiritual superior para que pueda aprender de sus experiencias, obtener ideas y una mayor conciencia acerca de cómo mantenerse centrado y consciente en el presente.

Habla tu Verdad

Puedes comenzar a vivir más conscientemente y centrarte más teniendo el valor de decir tu verdad. Para comenzar a decir su verdad de manera abierta y honesta, es importante ver qué área (s) de su vida (relación, trabajo, familia, etc.) donde sus pensamientos, palabras y acciones no coinciden. Sea honesto consigo mismo y con los demás sobre lo que piensa y siente, incluso si no está de acuerdo con usted. Considere si hay razones por las cuales no esté expresando completamente su verdad. Por ejemplo, hágase las siguientes preguntas:

1. ¿Hay algo que estás evitando al no decir tu verdad?
2. ¿Temes cómo otros te responderán si dices lo que piensas y sientes?
3. ¿Hay un resultado particular que estás tratando de lograr diciendo tu verdad?
4. ¿Te estás beneficiando de no decir cómo te sientes y qué piensas?
5. ¿Hay un costo involucrado en que no hable?

Cuando tienes el coraje de decir tu verdad, también puedes decir 'no' a las personas cuando se siente bien para ti sin sentirte culpable de haber herido sus sentimientos. Si haces cosas por los demás porque sientes que "deberías", te estás comportando de una manera que satisface las expectativas de los demás. Esto puede hacerte sentir enojado, frustrado y molesto porque has gastado tiempo y energía haciendo lo correcto por otras personas y no lo correcto por ti mismo. Por lo tanto, es importante ser consciente de cuándo utiliza la palabra "debería", las expectativas de otras personas o sociedades, y elige usar "voluntad", "elegir" o "debe" en su lugar. Recuerde, usted tiene derecho a decir "no" sin sentirse culpable. Al decir su verdad, es importante:

1. Identifica claramente qué es lo que quieres (no te centres en lo que no quieres)
2. Comunique directa y claramente el comportamiento o la acción que le gustaría que le ocurriera a la persona o personas involucradas
3. Sea dueño de sus pensamientos y sentimientos mediante el uso de declaraciones en "I" personalizadas como "No estoy de acuerdo con usted" (en lugar de "Usted está equivocado") o "Me gustaría que llegue a tiempo en el futuro" (en lugar de 'Deberías llegar a tiempo, sabes')
4. Práctica, practica, practica hablando tu verdad todos los días para que te vuelvas más seguro y cómodo
5. Respeta los sentimientos de la otra persona, ya que es más probable que te escuchen cuando hablas desde la verdad en tu corazón.

Por lo tanto, respira hondo, busca el coraje que tienes dentro de ti y ¡sé dispuesto a decir tu verdad, confiando en que el Universo te apoya por completo!

LIBERAR Y SOLTAR

Si comienzas a sentirte disperso o estresado como resultado de tener demasiadas cosas sucediendo a la vez y pensamientos continuamente corriendo por tu cabeza, entonces puedes tratar de liberar y soltar para ayudarte a volver a tu centro. Una manera en que puedes liberar pensamientos cuando la mente está hablando demasiado, analizando en exceso, es enfocarte y reconocer conscientemente los pensamientos que a su vez te ayudarán a "salir de tu cabeza" y volver al momento presente... Cuando sientes que estás 'en tu cabeza', es más que probable que te concentres demasiado en el pasado o en el futuro, el 'qué pasaría si' o el 'habrá suficiente'.

Si esto sucede, tome un respiro, despeje su mente y reenfoque sus pensamientos en el momento presente seleccionando y dirigiendo deliberadamente sus palabras y pensamientos de una manera más pacífica. Su mente a menudo usa el parloteo para distraerlo o mantenerlo calmado en situaciones en las que se siente temeroso, vulnerable, con dolor físico o para protegerse a sí mismo, por lo que también puede reflexionar sobre lo que sucede a su alrededor y cómo se siente para poder aprender a dejarlos ir.

También puedes soltar emociones como la ira, el dolor, la tristeza, la culpa, etc. simplemente permitiéndote experimentar y sentir la emoción por completo. También es importante no juzgarte a ti mismo por tener sentimientos como enojo, frustración, depresión, estrés, preocupación, etc. porque esto significará que necesitas liberar los pensamientos o emociones que surgen al juzgarte a ti mismo. Simplemente acepte y deje que sus sentimientos y pensamientos vayan con un suave y persistente 'Es hora de seguir adelante y dejarse llevar', ya que esto lo ayudará a volverse más consciente y consciente de lo que no le está sirviendo en ese momento. La liberación de estas emociones se puede experimentar como un aliento de limpieza muy profundo, lágrimas, movimiento de energía dentro y fuera de tu cuerpo o una sensación general de ligereza en tu cuerpo físico porque ya no estás aferrándote a las emociones no expresadas. Es importante practicar el conocimiento de sus pensamientos y sentimientos en el momento, sin juicio, para que pueda tomar una decisión consciente sobre si el pensamiento o sentimiento vale la pena mantenerlo o dejarlo ir.

Tus creencias también se traducen enérgicamente en sentimientos, pensamientos y emociones, que a su vez impulsan tu comportamiento y crean tus experiencias. Por ejemplo, si crees que eres "estúpido", entonces tu subconsciente asumirá esa creencia y te limitarás en términos de las oportunidades educativas que persigues. Del mismo modo, si crees que tienes que "trabajar duro" para alcanzar tus metas y deseos, entonces tu subconsciente buscará formas de dificultar el trabajo hacia tus metas para que trabajes duro. Si crees que siempre "luchas financieramente", esta también será tu experiencia y si no crees que eres atractivo, también proyectarás esa imagen a todos los que te rodean.

Por lo tanto, si te das cuenta de cualquier creencia que no sirva a tu mayor bien, entonces también puedes comenzar a soltar y soltar estas antiguas creencias y reemplazarlas por otras nuevas. Recuerde, usted tiene el control y puede hacer una elección consciente sobre las creencias que continúa permitiendo conducir su comportamiento y crear sus experiencias. ¡Así que crea una nueva realidad hoy liberando, soltando y cambiando tus creencias!

GRATITUD

Para estar más centrado, es importante desviar su atención de preocuparse por el futuro y apreciar el presente, el "ahora".

De acuerdo con la Ley de la Atracción, al expresar su gratitud, se sentirá más agradecido que atraerá más cosas, situaciones, relaciones, eventos y circunstancias en su vida para agradecer. Expresar gratitud es una nota educada y diaria de agradecimiento al Universo. Para hacer esto, puedes expresar tu gratitud al Universo por todas las grandes y maravillosas cosas en tu vida (mayores y menores). Agradezca cosas menores como la bondad de un extraño, el fontanero que llega a tiempo, el parque de estrellas de rock que tiene en las tiendas, su compañero para recoger a los niños después de la escuela, su compañero de casa por sacar la basura, un abrazo de un amigo, cumpliendo un plazo, diciendo que no a las papas fritas con su comida. Exprese también su gratitud por los eventos principales, por ejemplo, su promoción, el nuevo bebé, la casa grande, el compromiso, etc. Al expresar su gratitud cada día, coloca su enfoque (pensamientos y emociones) en experiencias positivas y lejos de los pensamientos negativos que bloquean su capacidad para avanzar en su viaje. Hay cientos de formas de agradecer y expresar gratitud, ninguna de las cuales es incorrecta. Lo importante es que dices gracias y que sientes la gratitud en lo profundo de tu corazón.

VISUALIZACIÓN Y MEDITACIÓN

La visualización implica usar un enfoque interno para imaginar entornos o situaciones que representan una necesidad o deseo en lugar de un objeto externo. 'Centrar' a menudo se asocia con la meditación y simplemente significa tomarse el tiempo para estar en el momento, enfocarse y estar en paz. También es una gran manera de practicar enfocando su atención dentro del mundo externo o en el pasado o futuro. La meditación es fácil de aprender, ya que solo requiere que te sientas tranquilamente, respires hondo y desconecte cualquier pensamiento que te distraiga. Para apoyarte a mantenerte centrado, escucha mi Sagrada Meditación del Ser que te ayuda a conectarte con tu ser interior, estar más presente en el momento y ser más consciente de tu sabiduría e intuición internas.

Es necesario centrarse para tener el enfoque necesario para meditar, visualizar o hacer magia o curación. La energía espiritual y todas las alegrías de la vida se sienten bien y, sin embargo, debes tomar conciencia de cómo puedes bloquearte y disminuir tu energía. Usted puede aprender y elegir conscientemente abrirse a la hermosa energía amorosa Universal siempre disponible para usted y cuando lo haga, su vida cambiará para mejor y avanzará.

Capítulo 3: Conexión a Tierra Espiritual

La puesta a tierra es la primera técnica que cualquier persona que emprende un viaje espiritual debe dominar, ya que esta es la base sobre la cual se construye todo lo demás. Es muy simple y muy poderoso. Muchos de ustedes pueden haber oído hablar de la tierra o han practicado o usado esta técnica de una forma u otra, ya sea consciente o inconscientemente. Entonces, comencemos con una explicación sobre a qué se refieren las personas cuando hablan de "conexión a tierra".

¿Qué?

La conexión a tierra es el acto de conectar conscientemente el campo de energía humano en esta realidad física y la de la Tierra (Madre Tierra - Gaia). Cuando fundas tu energía estás conscientemente estando aquí en el momento presente, siendo consciente de ti mismo físicamente, tu entorno y tu conexión con la tierra, mientras también te esfuerzas por ser más espiritual.

¿Por qué?

La conexión a tierra crea una fuerte conexión entre tu cuerpo físico y la Madre Tierra para que estés más consciente de las sensaciones y la energía que fluye en tu propio cuerpo, así como de lo que está sucediendo en el mundo que te rodea. Te ayuda a estar más plenamente presente y consciente en tu vida, para que puedas responder al mundo y a las situaciones que te rodean de forma inmediata y adecuada. El acto de poner a tierra te ayuda a quédate en el momento presente, deja atrás el pasado y confía en que el futuro será aún mejor. La conexión a tierra también le permite ser capaz de liberar o soltar la energía no deseada o en exceso, ya sea la suya o la energía que puede haber recogido / tomado de fuentes externas (persona u objeto) para que se pueda transformar en energía curativa positiva. Ser castigado puede ayudarlo a:

- Equilibrar el estado físico y emocional
- Aceptar y lidiar con la vida de una manera segura y racional
- Sé consciente de tu camino
- Sé consciente de tu energía y hacia dónde se dirige
- Liberar energía másfácil
- Muévete por momentos incómodos más rápido
- Crea un puente entre tú y el Espíritu
- Conéctate con tu yo superior a través de la intuición y la meditación
- Confianza Espiritual y tu intuición
- Párate en tu poder con fuerza y di tú verdad
- Reducir el estrés y la ansiedad
- Presión sanguínea baja

Cuando entren más plenamente en su cuerpo, comenzarán a darse cuenta de lo que su cuerpo realmente está sintiendo. En el momento en que aterrizas, te alineas con el cuerpo y comienzas a sintonizar con lo que realmente está sucediendo. Por lo tanto, puede notar que se da cuenta de dolores o dolores en su cuerpo que no estaban allí momentos antes. Estote ayuda a comenzar a tomar medidas para liberar y sanar lo que sea que está causando el problema. El cuerpo tiene mucha sabiduría paraenseñarte si escuchas lo que te está diciendo. Si ignoras el cuerpo, se volverá más y más fuerte en un esfuerzo por llamar tu atención. Pero no tienes que esperar, puedes comenzar el proceso de conexión a tierra antes de que las circunstancias te obliguen a hacerlo.

¿Cuándo y Dónde?

La conexión a tierra es una habilidad que puede usar de manera consistente, en cualquier lugar y en cualquier momento, en su vida cotidiana. Sin embargo, es en los momentos en los que no tienes conexión a tierra que necesitas usar esta técnica. En general, cuando alguien te dice que no estás "conectado a tierra" o que "no está bien cimentado", significa que tu campo energético está desequilibrado de una manera que te impide conectarte plenamente con tu fuente interna de fuerza y poder. Si no estás castigado, es probable que experimentes algunas de las siguientes sensaciones físicas:

- Desconocido del entorno físico
- Enfocarse en el pasado / futuro o reaccionar según las experiencias pasadas
- Discusión, emociones incontroladas y reacciones extremas
- Sensibilidad al ruido y la luz
- Dolores de cabeza
- Mareos
- Sentirse 'espaciado' e incapaz de enfocar la atención
- Nervioso / en el borde
- Torpeza

- Olvido
- Soñar despierto / quedarse dormido al meditar
- Descargas eléctricas
- Espasmos musculares, temblores, transpiración excesiva
- Ideas incompletas o ideas no actuadas en
- Sentirse enfermo / nauseabundo
- Ojos parpadeantes
- Incapacidad para expresar pensamientos / emociones
- Aumento de peso

Nota: Muchos de estos síntomas también pueden estar relacionados con otras afecciones físicas o enfermedades; si tiene dudas, consulte siempre con su médico de cabecera. El trabajo de luz y energía es complementario a la medicina general y no debe verse como un sustituto.

Cuando comiences a sentir cualquiera de las sensaciones anteriores de estar "sin conexión a tierra", es importante que tengas energía para que comiences a sentirte tranquilo, en control y tener más claridad sobre lo que está sucediendo a tu alrededor. Debido a que la conexión a tierra implica conectar tu energía con la Madre Tierra, el mejor lugar para conectar tu energía está fuera de la naturaleza. Sin embargo, ¡puedes conectar tu energía virtualmente a cualquier lugar! Mientras trabaja, estudia, juega, come, hace el amor, compra, conduce, etc., así como durante el ritual o mientras medita. Esto te ayudará a estar más conscientemente presente en tu cuerpo físico y aumentar tu capacidad de experimentar cosas maravillosas a lo largo de tu vida diaria.

A medida que comienzas a desarrollar tu intuición y trabajas con Spirit, donde sea posible, debes tratar de reconectarte con la Madre Tierra y poner a tierra tu energía como parte de tu rutina diaria. También debes asegurarte de basar tu energía antes de emprender cualquier trabajo con el Espíritu, incluidas lecturas, sanaciones, magia o lanzamiento de hechizos o rituales, ya que aumenta tu vibración espiritual y te ayuda a abrir y ser un canal claro para las energías divinas. Al poner en primer lugar su energía, se vuelve menos receptivo a asumir energías negativas o menores y minimiza el riesgo de daño para usted y aquellos con quienes está trabajando.

¿Cómo?

¡Hay muchas técnicas diferentes de conexión a tierra que puede usar con las cuales es fácil trabajar! La mayoría de los métodos de conexión a tierra funcionan mejor si tiene los dos pies firmemente apoyados en el suelo o en el piso. Es posible que deba probar algunos métodos diferentes o adaptarlos a sus necesidades y con qué se sienta cómodo. Si bien es imposible cubrir todas las técnicas disponibles, a continuación, se proporcionan algunos métodos diferentes para que pueda experimentar y ver cuál funciona mejor para usted.

Comida y Agua

Los alimentos puestos a tierra reducen su energía desde la cabeza hasta el estómago, por lo que es importante comer alimentos saludables y bien balanceados. Los alimentos asociados con el chacra raíz (base) como las papas, los rábanos, las cebollas, los nabos, los cacahuetes, las zanahorias, las remolachas, el ajo, etc., son extremadamente buenos para ayudarlo a obtener energía. La deshidratación es también una de las mayores debilidades energéticas que tiene la mayoría de las personas, por lo que es importante asegurarse de beber mucha agua para ayudar a que su energía fluya fácilmente por todo su cuerpo y para regresar a la Tierra.

Ejercicio Físico

Cualquier ejercicio que use y desarrolle fuerza física es bueno para la conexión a tierra, ya que ayudará a sacar de la cabeza (pensamientos) y crear un equilibrio saludable entre su cuerpo y su mente. Dependiendo de lo que se sienta cómodo con cualquiera de las siguientes formas de ejercicio físico, puede ser útil:

- Caminar, especialmente descalzo en la naturaleza (método más rápido)
- Yoga, tai chi, etc.
- Ejercicio aeróbico intenso
- Equipo de deporte
- Sexo
- Trabajo doméstico, lavandería, compras (actúa como una "meditación en movimiento")

Jardinería

La jardinería es también una forma efectiva de conectar tu energía ya que te permite involucrarte con la Madre Tierra. El jardín también puede ayudarlo a aprender sobre la naturaleza, desarrollar la paciencia y la creatividad, ayudar a calmar la mente de algunos de sus cuidados y preocupaciones, relajarse, relajarse, sonreír y disfrutar del mundo que le rodea.

ANIMALES

Los animales, en su inocencia, proporcionan un espejo claro y limpio para que nos veamos a nosotros mismos y, como tales, son muy poderosos para ayudarnos a cimentar nuestra energía. Si tiene un perro, tómelo a caminar o siéntese y acaricie a su gato hasta que sienta que está castigado.

MÚSICA/CANTO

La música con notas profundas que resuenan con el chacra raíz (base), específicamente el tamborileo, te ayuda a mantener tu conexión con la Tierra al permanecer conectado a tierra. Del mismo modo, cantar la nota más profunda que puedas y sentirla vibrar profundamente en tu vientre y pelvis y luego extenderse profundamente en la tierra también te ayuda a aterrizar.

CRISTALES

Los cristales llevan energía de puesta a tierra porque crecieron y se desarrollaron en la Tierra. Llevar, usar o colocar cristales en su cuerpo o colocarlos alrededor de su hogar u oficina puede ayudar a conectar su energía. Los mejores cristales para la energía de tierra son generalmente de color oscuro o terroso. Algunos de los cristales más populares para ayudarlo a aterrizar su energía incluyen:

- Hematites
- Jaspe rojo (o cualquier otro jaspe)
- Madera petrificada
- Ojo de tigres
- Pirita
- Cobre

Cualquiera de los cristales anteriores se puede llevar en bolsas o usar como joyas durante todo el día o mientras se medita para ayudar a bajar de energía. También puede colocarlos entre sus pies mientras mira televisión o mientras está en la oficina trabajando.

AFIRMACIONES

Cada pensamiento que tienes, cada palabra que dices es una orden que lanzas al Universo que te crea y atrae varias experiencias dentro de tu vida. Las afirmaciones te ayudan a ser más consciente de los pensamientos y palabras que estás enviando y te permiten enfocarte en las experiencias que deseas atraer. Puede usar cualquiera de las siguientes afirmaciones cuando se despierta por primera vez, durante el día, antes de irse a la cama o en cualquier otro momento en que sienta la necesidad de utilizar su energía:

- Me concentro en el presente y respondo a situaciones pacíficamente
- Libero toda ansiedad, miedo y preocupación, sabiendo que todo está bien
- Permanezco presente en cada momento
- Estoy enraizado, centrado y seguro
- Confío en que todo se está desarrollando exactamente como debe
- Soy fuerte y digo mi verdad desde un lugar de amor
- Confío en mi intuición y dejo que el Espíritu me guíe

VISUALIZACIÓN Y MEDITACIÓN

Puede utilizar visualizaciones enfocando el mundo interno e imaginar entornos o situaciones que representan la necesidad o el deseo de aterrizar en lugar de centrar la atención en un objeto externo. La meditación también es una gran manera de calmar y calmar la mente, ayudar a descansar y rejuvenecer el cuerpo, la mente y el espíritu a través de un proceso de relajación profunda. Escuche mi Meditación de Conexión a tierra con la tierra para ayudarlo a crear una base sólida en el mundo físico para plantar los pies para que esté más presente en su vida diaria, más consciente y en el momento, así como para anclar su energía en el mundo físico mientras luchando por ser más espiritual.

Algunas personas pueden sentir que están conectadas a tierra y conectadas a la Madre Tierra sintiendo un leve zumbido, calor u hormigueo debajo de la planta de cada pie. Sin embargo, tomarse un tiempo para tomar conciencia de estos sentimientos puede llevar tiempo ya que requiere entrenamiento y mucha práctica. Si no puede sentir estas sensaciones, puede confirmar si está castigada o no por mantener el equilibrio en una pierna. Si está correctamente conectado a tierra, le resultará fácil de hacer, y debería poder mover la otra pierna en el aire sin perder el equilibrio. Con mucha práctica y una conexión a tierra regular, encontrarás que puedes conectarte a tierra en cuestión de segundos simplemente pensando en poner a tierra o volcando tu atención en las plantas de tus pies. Recuerde, puede que necesite probar algunas técnicas diferentes hasta que encuentre lo que se sienta bien para usted.

Capítulo 4: Equilibrio

La vida es a menudo como caminar en la cuerda floja, con su éxito o fracaso dependiendo de qué tan bien puede permanecer equilibrado con todos los aspectos de su vida. Si bien hay muchas facetas de la vida que requieren equilibrio, cuando escuche a la gente hablar sobre el "equilibrio", están diciendo que es importante que trate de asegurarse de que sea estable mental, física, emocional y espiritualmente, en otras palabras, en su mundos interno y externo.

Masculino y Femenino

Todos tenemos aspectos masculinos y femeninos dentro de nosotros sin importar el género, lo que nos hace completos y completos. Es importante poder equilibrar, integrar y expresar plenamente su energía masculina y femenina. La energía masculina es dirigida, enfocada, rigurosa, lógica y orientada a la acción. Se representa como fuerza, coraje, sabiduría, poder, dominio, liderazgo, carisma, presencia, independencia, asertividad y confianza en uno mismo cuando se expresa por completo. Cuando tus pensamientos se centran en el mundo material, estás en tu energía masculina y buscas protección y seguridad. También estaría expresando energía masculina si considera que sus propios derechos son más válidos o importantes que los derechos de los demás. Cuanto más fuerte sea la energía masculina, mayor será su impulso sexual y más agresivo se dice que es sexualmente. A continuación, hay una lista de cualidades que puedes mostrar si tu energía masculina está desequilibrada:

- Más fácilmente se enoja y se vuelve agresivo
- Sentirse tratado injustamente por otros
- Alta opinión poco realista de sus propios derechos en comparación con los de los demás
- Avaricia y egoísmo, querer más de lo que le corresponde u obtener cosas a expensas de los demás
- Intrépido, aprovechar injustamente y explotar a otras personas

Por otro lado, la energía femenina es intuitiva, receptiva, pasiva y a veces vaga. Se expresa a través de las emociones, la comunicación sutil, la intuición, las relaciones, el resplandor, el amor, la espontaneidad, así como su capacidad de rendirse e ir con la corriente. Cuando tu energía es introspectiva, nutritiva, cálida y amable, tienes una sensación de bienestar y estás en tu energía femenina. También estarás expresando energía femenina si piensas que los derechos de otras personas son más válidos e importantes que los tuyos. Cuanto más fuerte sea la energía femenina, más probable es que seas más sexual y más disfrutable encontrarás tus experiencias sexuales. A continuación, hay una lista de cualidades que puedes mostrar si tu energía femenina está desequilibrada:

- Más fácilmente se vuelven temerosos y defensivos
- Siente que está tratando a otros injustamente
- Baja opinión poco realista de sus propios derechos en comparación con los de los demás
- Permita que otros se aprovechen de usted y se conviertan en felpudos para las personas

- Bajo nivel de confianza en sí mismo y enojarse contigo mismo fácilmente porque no estás a la altura de tu potencial

Sin embargo, si tus energías masculina y femenina están desequilibradas, puedes ser una mujer que exhibe cualidades principalmente masculinas y viceversa. Si no está balanceado en el lado femenino, es probable que renuncie a sus derechos para permitir que otra persona adquiera más de lo que le corresponde, lo que a veces puede hacer que se aproveche de usted.

Cuando la energía masculina y femenina está en equilibrio, se complementan entre sí y tu mente y tu corazón se alinean. Esto le permitirá expresarse abierta y honestamente, mientras respeta y tiene compasión por los demás y se alinea directamente con sus valores fundamentales. También le permite conectarse con lo que le apasiona y alinearse con el propósito de su vida, es decir, lo que inspira y nutre su alma. Por lo tanto, equilibrar su energía masculina / femenina no solo es importante en su vida diaria sino también en su trabajo con el Espíritu.

Luz (Positiva) y Oscura (Negativa)

La mayoría de ustedes tendrá la percepción de que la luz es buena y la oscuridad es malvada porque esto es lo que han sido condicionados a creer. Puede creer que la luz le permite ver las cosas y comprender lo que está sucediendo, brinda calidez y da vida. Sin embargo, cuando te paras en la oscuridad, sientes miedo porque no puedes ver y no sabes lo que viene hacia ti.

Sin embargo, todas las cosas existen en equilibrio, por lo tanto, la energía de la luz y la oscuridad están relacionadas y son, de hecho, espejos el uno del otro. Se ha sugerido que la oscuridad es simplemente luz quieta, lista para convertirse en luz. Por lo tanto, la oscuridad es la fuente de luz. Cuando caminas por un sendero espiritual, es necesario buscar la luz dentro de la oscuridad y también reconocer la oscuridad dentro de la luz. Es importante viajar a la oscuridad, también conocida como el lado oscuro, de modo que puedas llevarlo a la conciencia y transformarlo en luz. Por ejemplo, la mayoría de los alcohólicos o drogadictos tienden a huir de algo que no quieren enfrentar, las personas que sufren depresión a menudo temen a su propia ira, y aquellos que están increíblemente ansiosos a menudo temen lo desconocido.

Por lo tanto, es importante buscar el equilibrio entre la luz y la oscuridad

para que pueda ver las cosas con mayor claridad y comprender mejor lo que está sucediendo.

DAR Y RECIBIR

La segunda área dentro de tu vida y en tu trabajo con Spirit, donde es importante encontrar el equilibrio, es dar y recibir. Dar no existe sin que alguien reciba y no puedas recibir sin que alguien dé, por lo que uno requiere el otro para que suceda. Cuando practicas dar, eres activo, determinado, afirmativo, dirigido y tu energía fluye hacia los demás. Cuando estás dando, estás dispuesto a dar, ya sea posesiones, tiempo, conocimiento, recursos o energía a otros, en lugar de intentar aferrarte a lo que has recibido para ti. Sin embargo, es importante ser consciente de las razones por las que estás dando para asegurarte de que no estás creando energía negativa a tu alrededor, lo que puede generar experiencias negativas. Las siguientes son algunas de las razones por las cuales puedes dar, que pueden crear energía negativa:

- Siente que tiene que o se 'espera'
- Sentirse digno y valorado
- No te sientas culpable
- Querer algo emocional o físicamente a cambio
- "Luzca bien" y abundante
- Ayúdate a sentirte major
- Satisface una necesidad o desea para ti o para otra persona

Cuando cedes por alguna de las razones anteriores, atas emociones y energía negativas como el ego, el control, el resentimiento, la ira, el dolor y la necesidad de actuar, que te limitan y te separan de la alegría y el flujo de dar y recibir. En otras palabras, detiene el flujo de atraer resultados positivos y abundancia del acto de dar y recibir. Por lo tanto, es importante reflexionar y ser consciente de sus razones para dar y, cuando sea necesario, cambiar las emociones y creencias negativas que lo rodean y tomar medidas positivas para realizar cambios en esta área.

Cuando practicas la recepción, eres más pasivo, aceptante, no dirigido e incluso te rindes, que es un flujo de energía hacia el interior. Para poder recibir, debes ser capaz de dar, y estar abierto a recibir y aprovechar las oportunidades, el conocimiento y la abundancia que se te presenten, sin importar cuán pequeño sea, que sirva al mayor bien de todos. Es tan importante examinar y tomar consciencia de cómo se recibe a sí mismo como de cómo se da, porque también se puede generar energía negativa en torno a la recepción.

Dar y recibir les sucede a todos, todos los días de su vida, ya sea que sean conscientes de ello o no. A medida que creces espiritualmente, una de las áreas que se te pedirá que desarrolles y experimentes es la capacidad de equilibrar dar y recibir. Cuando das y recibes en equilibrio, o creas un intercambio justo, encontrarás energía positiva en tu vida que luego se comparte y se extiende a otras personas a tu alrededor y dentro del mundo. Cuando conoces conscientemente cómo, qué, dónde, cuándo y por qué das y recibes en el mundo, tienes la capacidad de evitar las experiencias negativas, las emociones y las situaciones que te llevan al resentimiento, la decepción, el sentimiento de insatisfacción, la culpa, la ira, el dolor y tristeza no solo por ti sino también por los demás.

Físico y Espiritual

Si lleva a cabo un trabajo espiritual, enérgico, curativo y mágico, también es esencial que trabaje para equilibrar sus energías viviendo en el mundo físico y no viva demasiado en lo espiritual. Hay tres áreas principales que deben ser consideradas y equilibradas al mirar el mundo físico y espiritual, su práctica, la intención detrás de su práctica y el espacio desde el cual vive su vida y emprende su trabajo.

En primer lugar, la base de cualquier desarrollo espiritual implica participar en la práctica formal, como la meditación, ritual o comunicación con el Espíritu con el fin de reunir y transformar las energías, el ejercicio de su espíritu y ayudará a explorar su yo interior en un nivel más profundo. En combinación con tu práctica formal, es igualmente importante practicar continuamente la conciencia del mundo físico que te rodea, así como de cualquier sensación física en tu cuerpo. Al estar físicamente presente en el mundo, también desarrollará sus dones espirituales y puede comenzar a pedir ayuda al Espíritu a medida que avanza en su vida cotidiana. Si bien la práctica continua puede no ser tan profunda como cuando te sientas en la práctica formal, si es sostenida y frecuente durante todo el día, descubrirás que estás profundamente centrado y equilibrado para el final del día.

¡También es extremadamente importante encontrar un equilibrio entre su práctica formal y continua porque no puede pasar todo el día en meditación o no experimentará este hermoso mundo en el que vivimos!

En segundo lugar, cuando realiza un trabajo espiritual, es importante conocer sus intenciones para hacerlo y asegurarse de mantener un equilibrio saludable entre sus necesidades físicas personales y su servicio al Espíritu. Si te enfocas demasiado en ti mismo, te arriesgas a ensimismarte, salir del ego y perder de vista el gran propósito de tu trabajo. Sin embargo, si se enfoca únicamente en servir a los demás, corre el riesgo de perderse a sí mismo, perder energía y la tranquilidad que necesita para poder servir efectivamente al Espíritu. Si te enfocas exclusivamente en el Espíritu, entonces puedes arriesgarte a perder el foco en este hermoso mundo en el que vives, perdiendo tu habilidad de relacionarte bien con los demás y el medioambiente. Por lo tanto, es extremadamente importante que establezca un equilibrio entre los deseos autodirigidos, el servicio a los demás y / o al

Espíritu, de modo que resulte una sensación de integridad e integridad.

La tercera área analiza el espacio, ya sea el cuerpo, el corazón, la mente o el espíritu, que opera desde dentro de su vida cotidiana y cuando hace un trabajo espiritual. Cuando operas desde tu cuerpo físico, puedes moverte, actuar y mantener la vida en el mundo material. Operar desde su corazón le permite explorar y experimentar toda la gama de emociones dentro de su mundo interior y exterior.

Si opera desde la mente, tiene la capacidad de reconocer, pensar, visualizar, planificar, imaginar, soñar despierto, recordar y comprender. Su espíritu está típicamente oculto y tiene el poder de unificar su cuerpo, corazón y mente a través de prácticas diarias que apuntan a reconectarlo con su verdadera esencia, su alma. La mayoría de las personas tienden a desequilibrarse al vivir permanentemente en sus pensamientos, sentimientos o en sus habilidades y deseos físicos. Por lo tanto, a medida que comiences tu desarrollo espiritual, es importante trabajar para encontrar un equilibrio entre el cuerpo, la mente y las emociones, y para ir dentro y volver a conectar con tu espíritu.

CUERPOS DE ENERGÍA Y CHACRA

Cada uno de sus chacras, los centros de energía a través de los cuales la energía espiritual / universal fluye dentro y fuera de su aura, 'gira' e irradia su propia frecuencia única que indica si están 'abiertos' (operando normalmente), bloqueados, 'no abiertos 'suficiente (poco activo) o' demasiado abierto '(sobre activo). Cuando tus cuerpos energéticos y tus chacras están equilibrados, la energía fluye libremente a través de cada chacra, te sientes enérgico, creativo y en paz, y también experimentas salud, vitalidad y bienestar.

A continuación, hay una lista de lo que sientes y experimentas cuando cada chacra individual está abierto y equilibrado:

- **Base:** centrada, basada en la tierra, capacidad de planificar, ser práctica y disciplinada, luchar por la excelencia, la vitalidad, la esperanza, la alegría, la armonía, la integridad, manifiesto, abundante, próspero, estable, seguro y protegido
- **Sacra:** Libertad, misericordia, perdón, justicia, amigable, agraciado, extrovertido, ama reír, capacidad de experimentar placer e intimidad, apasionado, capacidad de cambio y transformación, intuición, profecía, magia, creativo, entusiasta de la vida, se nutre a sí mismo y a los demás
- **Plexo Solar:** Confiado, fuerte autoestima y poder personal, respeta los límites, servicio responsable, confiable, desinteresado, deseo correcto, expresivo, espontáneo, lúdico, sentido del humor, cumple con los desafíos, pacífico, equilibrado, cálido
- **Corazón:** Amor incondicional, compasión, belleza, dispuesto a ayudar, empático, apreciado, cálido, sincero, feliz, amistoso, extrovertido, pacífico, equilibrado, caritativo y generoso
- **Garganta:** Creativo, imaginativo, expresivo, presente, habla la verdad, escucha en la verdad, poder, voluntad, confianza, fe, protección, decidido, valiente, comparte conocimiento abiertamente

- **Tercer Ojo:** Orientación, intuición, clarividencia, visión, claridad, enfoque, verdad, sanación, imaginación, visualización, manifestación, integración de información de diferentes niveles, acceso a vidas pasadas, viajes astrales
- **Corona:** Conexión con el Espíritu, sabiduría, autoconocimiento, comprensión, mente abierta, conciencia, capacidad de percibir, analizar y asimilar información, capaz de ver patrones de creencias, emociones y comportamientos

Cuando uno o más de sus chacras se bloquean y el flujo se inhibe, esto puede causar fatiga, enfermedad, enfermedad y desequilibrios mentales y emocionales. Algunas de las señales de que determinados centros de energía están bloqueados incluyen:

- **Base:** Incapacidad para comer en el suelo, comer en exceso, obesidad, en negación, desconectado, alienado, desanimado, sin esperanza, caótico, cambios de humor, incapacidad para manifestarse, falta de energía, miedo a la seguridad y la supervivencia, mala circulación, venas varicosas, dolor de espalda baja, hinchado manos y piernas, retención de líquidos, piel y cabello secos, estreñimiento, piel pálida con manchas, eructos, gases, diarrea, dolores de cabeza
- **Sacra:** Depresión, cambios de humor, problemas físicos con los riñones, bazo, micción frecuente y dolorosa, dolor lumbar, manos y pies hinchados, hinchados, hinchados, dificultades menstruales, dolor en las piernas o en la ingle
- **Plexo Solar:** Ansiedad, estrés, preocupación, fácil enojarse o agitarse, problemas con el estómago, hígado,

vesícula biliar, columna vertebral, hinchado, hinchado, eructos y gases, diarrea / estreñimiento, antojos de azúcar o sal, sueño inquieto, dolor de espalda medio sediento todo el tiempo
- **Corazón:** Dolor en el corazón / pecho, pulmones, complexión pastosa, tensión en la parte superior de la espalda, presión arterial y problemas de circulación, sudores fríos, músculos tensos, deficiencia inmunológica, sentimientos de tristeza, pena, depresión, culpa, decepción, dolor, miedo, ira
- **Garganta:** Problemas de comunicación, problemas de garganta, enfermedades respiratorias y pulmonares, resfríos, cosquilleo o flema en la garganta, tos, estrés, hiperactividad, alergias, fatiga, atracones o bebida, trastornos dentales, baja autoestima
- **Tercer Ojo:** Miedo a ideas intuitivas, imaginación y sueños, congestión nasal/sinusal, insomnio, dificultad para concentrarse y tomar decisiones, dolores de cabeza, depresión, dificultades hormonales, visión deficiente, problemas con el hipotálamo, sistema nervioso autónomo, ansiedad y depression
- **Corona:** Migrañas, esquizofrenia, cansancio, mala coordinación y memoria a corto plazo, alucinación, zumbido en los oídos, problemas en la parte superior del cerebro, ojo derecho

Algunos de los signos comunes de que sus chacras son "no abiertos" (sub- activos) y desequilibrados incluyen:

- **Base:** Débil, cansado, falta de resistencia, perezoso, perezoso, demasiado cauteloso, temeroso del cambio, sexualmente manipulador, posesivo, necesita aprobación, carece de confianza, temeroso, ansioso, inquieto, límites

pobres, sin confianza en la vida, incapaz de alcanzar los objetivos, enfoque pobre, indisciplinado, crónico desorganizado, dificultad financiera
- **Sacral:** Inmoral, distante, desconfiado, pobre en habilidades sociales, introvertido, incapaz de expresar emociones, niega el placer, carece de pasión y emoción, límites excesivos, miedo al cambio, miedo al sexo
- **Plexo Solar:** Pasivo, indeciso, tímido, fácil de manipular, pobre disciplina y fuerza de voluntad, incapacidad para aprender, buscando reconocimiento, deprimido, sentirse aislado, poco confiable y carente de confianza, miedo, ansiedad
- **Corazón:** Odio, aversión, egoísmo, posesivo, caprichoso, antisocial, retraído, melodramático, paranoico, indeciso, temeroso de la intimidad, solitario, aislado, se siente rechazado, falta de empatía y compasión, se siente no amado, autocompasión, negligencia, necesidades reafirmación de valor
- **Garganta:** Miedo a hablar, no confiar en la intuición, dificultad para poner sentimientos en palabras, tímido, callado, retraído, cobardía, duda, lento para responder, resistente al cambio, obstinado
- **Tercer Ojo:** Inflexible, falta de imaginación, visión y claridad, dificultad para ver el futuro, perder la cabeza fácilmente bajo estrés, preocupaciones, temeroso, inseguro, indisciplinado, miedo al éxito, dudas
- **Corona:** Miedo o cínico de espiritualidad, se siente separado de la abundancia y la integridad, poca alegría, dificultades de aprendizaje, incertidumbre y falta de propósito, frustración y poder no realizado, necesita simpatía

Las indicaciones comunes de que sus chacras son "demasiado abiertos" (sobre activos) y fuera de balance incluyen:

- **Base:** Hiperactiva, agresiva, dominante, sexualmente opresiva, egoísta, imprudente, impulsiva, codiciosa, materialista, acaparada, miedo al cambio, adicción a la seguridad, límites rígidos
- **Sacra:** Adicción al placer, adicción sexual, exceso de indulgencia, demasiado sensible, egoísta, arrogante, intolerante, implacable, falta de tacto, desprecio por los demás, poder hambriento, demasiado orgulloso, emocionalmente explosivo, obsesivo, límites pobres
- **Plexo Solar:** Decisivo, justo, obstinado, arrogante, demasiado agresivo, dominante, controlador, manipulador, frío emocional y físicamente, hambriento de poder, engañoso, rabietas, ira, mentalidad de víctima, culpa a los demás, competitivo, ambicioso, adicto al trabajo, perfeccionista
- **Corazón:** Co-dependencia, celos, apego, crítico, exigente, sacrificado, tacaño, enojado, demasiado confiado
- **Garganta:** Hablar demasiado, dominar, controlar, arrogante, farisaico, chismes, incapacidad para escuchar, enérgico, enojo, hostilidad, resentimiento, el lenguaje es el curso y deliberado
- **Tercer Ojo:** Dificultad para concentrarse, obsesionarse, delirios, alucinaciones, pesadillas, temer, menospreciar a los demás, egoísta, manipulador
- **Corona:** excesivamente intelectual, adicción confusa, espiritual, vanidad, disociación del cuerpo,

incomprendido, vergüenza, imagen negativa de sí mismo, egocéntrico, de mente estrecha, ignorante

Si estos desequilibrios persisten con el tiempo, pueden afectar su energía hasta el punto de desarrollar dolencias físicas o incluso enfermedades, por lo que es importante equilibrar su energía para mantenerse físicamente saludable. También es importante ayudarlo a mantenerse calmado en medio de la actividad de la vida cotidiana, estar más centrado y agradable a los demás y no permitir que su luz interior se vea ensombrecida por circunstancias estresantes o pensamientos y emociones negativas. Recuerde, las sensaciones de no estar claro, desenfocado, estrés y desequilibrio, pueden ser señales de que uno (o más) de sus chacras está bloqueado y la energía no fluye armoniosamente a través de ellos, o está muy abierta, lo que produce desequilibrios en su cuerpo. cuerpo físico, pensamientos, emociones y comportamiento.

¿Cuándo y Dónde?

Algunas personas sugieren equilibrarse para ayudarte con cualquier visualización que desees hacer a la tierra. Otros sugieren primero la conexión a tierra. En resumidas cuentas, si no tiene ninguna conexión con la tierra, probablemente no podrá equilibrarse demasiado bien. Por lo tanto, se sugiere que use una de las técnicas más físicas para lograr la conexión a tierra y luego el equilibrio. Puede equilibrarse en cualquier lugar, en cualquier momento en solo unos minutos. Ya sea que esté trabajando y sus pensamientos parezcan dispersos o cuando visite a su familia comiendo, comprando, conduciendo, mientras medita, etc. Dependiendo de su estilo de vida y de cuán bloqueado o abierto esté, es posible que necesite equilibrar sus energías. varias veces al día, una vez a la semana o dos veces al mes. Cada persona es diferente y maneja la vida de diferentes maneras, por lo que depende de usted la frecuencia con la que siente que necesita hacer esto.

¿Cómo?

Hay muchas maneras diferentes de equilibrar sus energías, pero cada uno de nosotros es diferente, y algunos de ustedes tendrán más éxito con una técnica que con otra. Si prueba algunas de estas técnicas y parece que no funcionan para usted, intente ajustar o combinar varios métodos hasta que encuentre algo que funcione para usted.

Gratitud

Una gran parte de encontrar un equilibrio entre dar y recibir comienza con ser agradecido y conscientemente consciente de tus bendiciones. Una de las formas más rápidas de mejorar / reequilibrar tu energía cuando tus pensamientos, emociones y acciones han sido negativas es comenzar a pensar en cosas por las que estás agradecido. Al estar agradecido, abrirá su mente a nuevas posibilidades y conexiones y verá los desafíos o problemas como oportunidades para aprender, crecer y mejorar.

Cuando cuente sus bendiciones, también es importante estar agradecido por las cosas importantes, como su familia y amigos que lo aman, lo apoyan y lo ayudan, así como a las pequeñas cosas, como la puerta que se abrió para usted o el café que había hecho. ¡esta mañana! Una "actitud de gratitud" no solo te ayudará a atraer más cosas de las que estar agradecido, sino que te ayudará a sentirte más feliz y más optimista.

Puede adoptar una "actitud de gratitud" simplemente mentalmente o en una hoja de papel, haciendo una lista de al menos cinco cosas que debe agradecer cada noche antes de irse a la cama o a primera hora de la mañana. Si hay una persona a la que pueda agradecer o mostrar su agradecimiento, haga una llamada telefónica o envíeles un correo electrónico informándoles de lo agradecido que está.

Música/Sonido

La música tiene una forma fantástica de hacer que las personas se sientan diferentes, más relajadas y menos estresadas, particularmente ciertos estilos de música. Nuestros Chacras también resuenan con el sonido, y cuando se reproduce música / sonido en diferentes tonos, nuestros cuerpos absorben las energías musicales y te ayudan a recuperar el equilibrio, a estabilizar tu sistema energético, lo que a su vez ayuda a calmar tu cuerpo, llevarlo en un estado más relajado y menos estresante. La próxima vez que escuche una pieza musical, intente y sienta la música y deje que funcionen sus maravillas en su cuerpo, toque un instrumento en una tecla asociada con un Chacra dentro de la región que considere que necesita alguna ayuda:

- Corona - "B"
- Tercer ojo - "A" y "Bb"
- Garganta - "G" y "G #"
- Corazón - "F" y "F #"
- Plexo solar - "E" y "Eb"
- Sacra - "D" y "C #"

- Base - "C

YOGA

El yoga es una práctica antigua que aumenta el flujo de energía en tu vida. En otras palabras, el yoga ayuda a crear una sensación de unión y equilibrio entre el cuerpo, la mente y el espíritu. Una práctica regular de yoga te ayudará a encontrar un equilibrio entre el cuerpo, el corazón, la mente o el espíritu. Las posturas de yoga del guerrero pueden ayudar si tiendes a ser cariñoso, agradable y desempeñar un papel "agradable" al satisfacer las necesidades de los demás, excepto las tuyas propias, y necesitas aportar más energía masculina para que puedas recuperar el equilibrio. Alternativamente, puedes probar una forma más relajante de yoga si necesitas disminuir la velocidad y atraer más energía femenina.

GENTE

Es extremadamente importante encontrar un equilibrio entre pasar tiempo con aquellos que elevan su conciencia y con aquellos a quienes puede ayudar. Aprende de aquellos que son un poco más conscientes, y ayuda a aquellos que son un poco menos conscientes que tú.

De esta manera sirves al mayor bien de todos, expandiendo la conciencia a todos lados. También es importante para equilibrar sus energías masculinas y femeninas para pasar tiempo con modelos de conducta saludables. Estos modelos a seguir pueden ser personas dentro de su vida, o si no puede encontrar a alguien apropiado, imagine las cualidades de una mujer equilibrada y un hombre equilibrado.

Luz de Sol

La luz del sol es nuestra principal fuente de luz, calor y energía. La luz consiste en las siete energías de color: rojo, naranja, amarillo, verde, azul, índigo y violeta que están contenidas en un arco iris, una gota de lluvia o rocío e incluso en un copo de nieve. Muchas funciones corporales son estimuladas o ralentizadas por la luz y los diferentes colores de luz y, por lo tanto, afectan su sistema de chacras. Por lo tanto, pasar tiempo a la luz del sol te ayudará a equilibrar tu energía masculina y femenina, tus cuerpos energéticos y tu aura.

Color

El color nos rodea desde el momento en que nacimos y afecta nuestra vida cotidiana de muchas maneras. Al tomar conciencia del poder del color y sus efectos en sus energías, puede aprender cómo hacer cambios positivos en áreas específicas de su vida, usarlo para sanar y traer equilibrio y armonía a la mente y el cuerpo. Según el color que elija, la vibración invisible del color puede relajar o estimular. Puede usar el color para ayudar a equilibrar su energía usándola, colocándola en su entorno y / o visualizándola brillando intensamente alrededor de la charca apropiada.

Hierbas e Incienso

Durante siglos, nuestros antepasados comieron, bebieron, quemaron y usaron hierbas (planta o parte de una planta) para curarse y Mágico para protegerse del mal, atraer la prosperidad, proteger a los niños y las mujeres durante el parto y curar enfermedades. La quema de hierbas o incienso es una práctica sagrada y funciona a nivel físico, emocional, mental, espiritual y mágico. A veces, las ramas de las hierbas se colocan directamente en un fuego abierto, pero en la mayoría de los casos son un trozo de carbón colocado en un recipiente (por ejemplo, caldero o caparazón de abulón) y las hierbas se rocían sobre las brasas. La idea principal es liberar la energía y la fragancia de las hierbas cerca del cierto chacra que deseas estimular y ayudar a aumentar el flujo general de energía y equilibrar tus energías. Las siguientes hierbas se pueden vincular a cada uno de los siete chacras:

- **Corona:** Bergamota, incienso y sándalo
- **Tercer ojo:** Geranio, mirra, violeta
- **Garganta:** Eucalipto, La hierba de limón, Menta
- **Corazón:** Manzanilla, Lavanda, Rosa
- **Plexo solar:** Limón, pino, salvia
- **Sacra:** Naranja, Jazmín, Ylang-Ylang
- **Base:** Albahaca, Pachulí. Árbol de té

Mientras que la energía y la fragancia de las hierbas se filtran a través de suChacra, puede visualizar el humo en diferentes colores girando en y alrededor de su cuerpo, llenándolo de color radiante.

ACEITES ESENCIALES

La entrada sensorial puede estimular nuestras respuestas emocionales y fisiológicas. En el mundo de hoy recibimos constantemente estímulos sensoriales (por ejemplo, computadoras, luz fluorescente, televisión, radio, zumbido del refrigerador, gases de escape, etc.). De los cinco sentidos, nuestro sentido del olfato es el más primitivo y más estrechamente asociado con nuestras emociones y la forma en que nuestro cuerpo responde a ellas, por lo que una de las mejores maneras de aliviar el estrés y recuperar el equilibrio del cuerpo es mediante el uso de aceites. Los aceites esenciales se encuentran en las semillas, raíces, resinas, flores, árboles, tallos, cortezas y frutos de las plantas y proporcionan muchos beneficios físicos, emocionales y espirituales. Los aceites pueden convertirse en parte de su rutina diaria mediante el uso de un difusor, Mezcla de esencias, unción, masajes y tratamientos de agua / spa para ayudarlos a lograr un estilo de vida más saludable y equilibrado. Los siguientes aceites se pueden usar con los Chacras para ayudar a desbloquear o reequilibrar centros de energía específicos:

- **Corona:** Incienso y Gardenia
- **Tercer ojo:** Lavanda, Magnolia y Ylang Ylang
- **Garganta:** Geranio, Limón, Pimienta y Abedul dulce
- **Corazón:** Eucalipto, hierbabuena y palo de rosa
- **Plexo solar:** Bergamota, Pomelo, Romero y Limoncillo
- **Sacra:** Cedarwood, Tangerine, Pettigrain y Geranium
- **Base:** Ylang Ylang y Vetiver

CRISTALES

Los cristales llevan energía de puesta a tierra porque crecieron y se desarrollaron en la Tierra, por lo tanto, llevar, usar o colocar cristales en el cuerpo puede ayudar a centrar y equilibrar su energía. Los cristales se pueden colocar directamente sobre charkas bloqueados o sobreactivos para centrar y equilibrar la energía en esa área, incluyendo:

- **Corona:** Amatista, Cuarzo claro, Piedra Lunar, Selenita
- **Tercer ojo:** Lapislázuli, Sugilita, Fluorita

- **Garganta:** Azurita, Aguamarina, Ágata de Encaje Azul, Celestita, Sodalight
- **Corazón:** Cuarzo Rosa, Kunzite, Malaquita, Turmalina Rosa, Rodocrosita, Jade, Bloodstone, Green Adventurine
- **Plexo solar:** Ámbar, Citrino, Cuarzo Rutilo, Topacio
- **Sacra:** Ojo de tigre, Cornalina, Calcita Anaranjada
- **Base:** Jaspe rojo, Granate, Rubí, Obsidiana, Cuarzo Ahumado, Hematita

Cualquiera de los cristales anteriores se puede llevar en bolsas o usar como joyas durante todo el día o mientras medita para ayudar a limpiar su energía. También puede colocarlos en la pantalla de su computadora o alrededor de su hogar y oficina.

Nota: recuerde limpiar y cargar sus cristales antes de cada uso.

AFIRMACIONES

Las palabras y / o afirmaciones son herramientas muy poderosas para ayudar a equilibrar nuestras energías. Puede hacer esto simplemente buscando un espacio tranquilo para sentarse lejos de cualquier distracción y respirar lenta y profundamente. Luego elija una palabra tranquilizadora como paz, amor o verdad o una frase (afirmación) y repítalo una y otra vez en su mente. Cualquiera de las siguientes afirmaciones se puede usar cada día para equilibrar su energía:

- Estoy equilibrado en todos los aspectos de mi vida
- Equilibro el trabajo y juego todos los días
- Mi mente, cuerpo y espíritu están bien equilibrados y en armonía

- Siempre estoy profundamente relajado, centrado y equilibrado entodos los sentidos
- Estoy equilibrado en mi cabeza y corazón
- Mis pensamientos, metas, valores y emociones están en equilibrio
- La energía positiva fluye libremente a través de todo mi ser
- Ahora vivo una vida equilibrada, llena de amor, abundancia ymilagros
- Reconozco y me regocijo en mi espiritualidad
- Siempre recibo y reconozco la guía que necesito
- Hablo mi verdad con gracia, respeto y confianza
- Estoy abierto a dar y recibir amor, libre y sin esfuerzo
- Perdono y libero los dolores de mi pasado y soy libre de amar en elpresente
- Estoy en mi poder y acepto la responsabilidad de todas las áreas demi vida
- Escucho y aprendo de mis emociones
- El universo se ocupa de mis necesidades. Confío en la vida
- Estoy bien equilibrado porque estoy abierto a lo que el Universotiene para ofrecer

Péndulo

Puedes usar un péndulo para verificar si tus chacras están en equilibrio colocándolo sobre cada chacra y pidiéndole al péndulo que te muestre la dirección, el tamaño y la velocidad de la energía en esa área. También puede ir y hacer cada una de las preguntas del chacra que pueden responderse con SÍ o NO. De la misma manera, puedes determinar si se pueden necesitar cristales o colores para devolverlos al equilibrio.

SANACIÓN ENERGÉTICA

Hay una variedad de técnicas de sanación con manos y manos libres que buscan restaurar la armonía, la energía y el equilibrio dentro del sistema energético humano. La sanación energética es una técnica suave y no invasiva en la que la energía se dirige a través de las manos de los curanderos para despejar, energizar y equilibrar los campos de energía humana y ambiental para promover la salud física, emocional, mental y espiritual y el bienestar. Un sanador entrenado en la manipulación del flujo de energía puede ayudarlo a recuperar sus chacras para que funcionen correctamente. Hay muchos tipos diferentes de Sanación energética que incluyen, entre otros, Reiki, Sanación espiritual, Carrocería centrada en la energía, Sanación pránica, Sanación chamánica y Sanación Theta. Estastécnicas pueden ser extremadamente útiles para complementar o en colaboración con el cuidado de la salud convencional donde surgen varias dolencias físicas que incluyen estrés, depresión, tensión muscular, dolor de espalda y cuello, trauma emocional, insomnio y enfermedad u otras preocupaciones médicas. La curación energética ofrece una amplia gama de beneficios, como mayor energía, mayor sensación de bienestar, aumento de la autoestima, alivio del estrés y mucho más. Después, también hay una variedad de acciones saludables que puede realizar para ayudar a mantener su chacra abierto, permitiendo que su energía fluya naturalmente.

Nota: Las sanaciones energéticas no están destinadas a reemplazar o sustituir la atención médica, psicológica o el asesoramiento profesional de otros profesionales relevantes. Si tiene una dolencia médica, de salud o psicológica, debe ver a un profesional de la salud médica o mentalparalaatenciónprofesionaladecuada.

Visualización y Meditación

Las visualizaciones son una manera fantástica de ayudar a que sus energías vuelvan a su equilibrio al permitir que el enfoque se traslade del mundo externo al mundo interior e imaginar su y las situaciones en paz. También puede iniciar la meditación para ayudarlo a relajarse, calmar y calmar la mente, así como a rejuvenecer y reequilibrar el cuerpo, la mente y el espíritu. Mi meditación del chakra del baño del arco iris te ayudará a limpiar, equilibrar y abrir cada uno de tus siete chakras física y espiritualmente asociados con varias partes de tu cuerpo para que puedas fluir por la vida con facilidad, gracia y alegría.

Capítulo 5: Limpieza Espiritual

Cuando la persona habla de 'limpieza', no hay hijo que implica que está es 'sucio', no está sugiriendo que el cuerpo de la energía puede ser impuro. Cuando las personas hablan de 'limpieza', no están implicando que eres 'sucio', están sugiriendo que el cuerpo de energía puede ser impuro. A medida que te mueves por este mundo y sigues con tu vida diaria, especialmente cuando tratas con otras personas, con el tiempo recoges trozos de energía y emociones (energía psíquica) de las personas y cosas que te rodean. Estas energías pueden ser positivas (vibración más alta) o negativas (vibración más baja) y combinarse y afectar su propia energía causando problemas y teniendo un efecto en su vida diaria. Debido a que estas energías no son suyas, es importante que se limpie a sí mismo según sea necesario, de cualquier energía inferior o negativa que haya absorbido durante el día.

¿Qué?

La limpieza psíquica significa que limpias las capas emocionales, mentales y espirituales de tu aura de todas las formas de intenciones impuras, energías negativas, emociones oscuras, pensamientos depresivos y otros desequilibrios similares. A medida que comiences a trabajar más de cerca con Espíritu, ya sea como sanador, psíquico, médium, etc., serás muy sensible a los diferentes tipos de energía. Si te encuentras con personas que se pueden sentir enojadas, frustradas, resentidas, celosas o solas, y así sucesivamente, podrías recoger inconscientemente estas emociones y llevarlas dentro de tu cuerpo energético.

Por lo tanto, es importante liberar estas emociones lo más rápido posible para que pueda reducir el impacto que pueden tener en su vida cotidiana. Además, si su mente está atestada de preocupaciones, dudas y temores, su cuerpo energético puede debilitarse y volverse más susceptible a captar los temores y las dudas de otras personas que lo mantendrán en su mente e intensificarán el chat en su mente. No importa cuán consciente sea usted acerca de las diferentes energías que le rodean, aún puede captar la energía de otras personas. Incluso al caminar por una calle abarrotada, es posible que, inconscientemente, recoja cosas de otras personas. Debido a que puedes recoger estas energías inconscientemente, es importante 'limpiar' conscientemente tu energía regularmente despejando, liberando y soltando cualquier suciedad no vista, impurezas y energías no deseadas o en exceso. Al deshacerse de cualquiera de estas energías negativas de su aura, eliminará la suciedad y la suciedad que ha acumulado y se sentirá más tranquilo como resultado.

¿Por qué?

Es importante limpiar su cuerpo energético para que mantenga una energía limpia y nítida a su alrededor y para asegurarse de que no se obstruya con energías negativas, ya sean propias o de otras personas. Por ejemplo, si tiene energía ajena a su alrededor, de repente puede comenzar a sentirse ansioso, perdido, preocupado y sin fundamento por ningún motivo. Por lo tanto, la limpieza de su campo de energía de energías negativas puede significar la diferencia entre sentirse bloqueado y deprimido, y tal vez incluso constipado y sentirse renovado, inspirado y lleno de ideas.

También porque involuntariamente compartes (tomas y entregas) tu energía con otras personas con las que te relacionas también es importante limpiar tu propia energía para que no te difundas en torno a tu energía negativa a amigos y familiares, o incluso extraños. Por ejemplo, un entorno de trabajo malo en el que hay un aumento de energía negativa puede causar una capa tras otra de dificultades, incluidos problemas con los compañeros de trabajo, problemas con los clientes e incluso la avería de equipos electrónicos como computadoras, impresoras y copiadoras. Por lo tanto, limpiar el medio ambiente es tan importante como limpiarte a ti mismo. Existen enormes beneficios en su vida diaria para la limpieza de su energía, incluyendo:

1. Mayor equilibrio entre lo físico, mental, emocional y espiritual
2. Reduce la preocupación y el pensamiento negativo
3. Ayuda a calmar y aclarar la mente
4. Ayuda a recargar tu energía y aumentar la curación espiritual, física o emocional
5. Le libera y evita la negatividad
6. Te ayuda a irradiar paz y alegría en tu vida
7. Aumenta su capacidad para despejarse y dejar ir viejas energías y toxinas para dar paso a lo nuevo (incluyendo ideas, pensamientos, sensaciones, emociones, etc.)
8. Permite que la energía fluya libremente a través de su cuerpo (incluida la sangre, el oxígeno, las hormonas)

¿Cuándo y Dónde?

Una vez que aprenda a limpiar su energía, debe hacerla parte de su rutina cada mañana y antes de acostarse, como lavarse la cara o cepillarse los dientes. Se recomienda que limpie su energía por la mañana para prepararse para el día y la noche nuevamente para limpiarse de lo que pudo haber recogido antes de acostarse. Por supuesto, puede utilizar cualquiera de las técnicas en cualquier lugar en cualquier momento durante el día, según sea necesario, especialmente si se encuentra en un centro comercial u otros lugares concurridos. Se recomienda que controle sus sentimientos y pensamientos en busca de cambios negativos, por ejemplo, si se siente disperso, asediado, enojado sin razón aparente, estas son todas señales que puede necesitar para limpiar su energía. También puede limpiar cuando esté a punto de comenzar cualquier tipo de trabajo, espiritual o de otro tipo, con otras personas para asegurarse de que su energía sea clara. Sin embargo, el momento más importante para la limpieza es después de haber realizado un trabajo espiritual, ya sea de curación o de lectura, para desconectar su energía de la de su cliente.

¿Cómo?

¡Hay muchas maneras diferentes de limpiar energías indeseadas de alrededor y dentro de su cuerpo con las cuales es fácil trabajar! Algunos de estos son actos físicos mientras que otros implican visualizaciones. Es posible que deba probar algunos métodos diferentes o adaptarlos a sus necesidades y con qué se sienta cómodo. A continuación, se incluyen algunos ejercicios diferentes para ayudarlo a comenzar a probar algunas de estas técnicas para que pueda ver cuál funciona mejor para usted.

Plantas

Una de las maneras más simples en que puedes limpiar los desechos y las toxinas de tu campo de energía es saliendo a la Madre Naturaleza, ya que las plantas ayudan a transmutar las energías más bajas en vibraciones más elevadas. Para hacer esto puedes colocar una planta al lado de tu cama, ya que te ayudará con la liberación de la energía más pesada que puedes haber consumido durante el día y la enviará al Universo. Si su entorno de trabajo lo coloca en una posición en la que puede estar dispuesto a asumir energías negativas, ya sean colegas o clientes, por ejemplo, asesoramiento, curación o masajes, una planta en el espacio para que ayude a despejar el ambiente. Cuanto más grandes y más amplias sean las hojas de las plantas que usas, más energía podrán absorber y transformarse en positivas.

Respirar

¡Puedes limpiar tu aura usando nada más elaborado que tu aliento! Para hacer esto, simplemente respiras y luego, usando el aliento, envías energías negativas no deseadas a la Tierra, limpiando y poniendo a tierra las energías al mismo tiempo. Esta técnica es rápida y sutil, por lo que puedes usarla en cualquier lugar, en cualquier momento y nadie sabrá lo que estás haciendo.

Agua

El agua, por supuesto, es limpieza. Ya sea que rocíe o rocíe agua en su aura, tome un baño o una ducha con agua caliente o incluso agua de lluvia, esto ayudará a limpiar cualquier energía negativa. También puede usar agua salada, agua con infusiones de hierbas o aceites esenciales en un baño y sentarse y sentir que cualquier energía negativa se filtra por los poros y lavando por el desagüe a medida que la bañera se vacía. Cuando te bañas, también puedes limpiar la energía sintiendo las energías negativas que bajan por tu cuerpo y por el desagüe.

SAL

¡La sal es un limpiador fantástico! Puede usar sales de Epsom o sal de roca en un baño o un puñado de sal como un exfoliante en la ducha. El océano con su agua salada es uno de los mejores limpiadores de energía negativa. El olor fresco del océano también puede darle la sensación de refrescarse y restaurar su energía. Cuando se sienta estresado por el ajetreo y el bullicio de la vida cotidiana, si puede dirigirse hacia el océano y darse un baño.

APLAUSOS

La técnica de tres aplausos se ha utilizado durante muchos años para eliminar cualquier forma de negatividad, incluidos miedos, pensamientos, imágenes, emociones, eventos externos, etc. También puede usar aplausos continuos para verificar la energía en una habitación o entorno. Cuando su aplauso es nítido, claro y fácil de hacer, esto generalmente indica que la energía es ligera y fluida. Sin embargo, cuando el aplauso es pesado, sordo o sin sonido, hay más que probable energía estancada, estancada y / o negativa dentro del espacio. Puedes despejar cualquier energía negativa que sientas en tu entorno quedándote en los lugares donde lo sientes y continuar aplaudiendo hasta que sientas que el aplauso se vuelve más nítido y claro.

Cepillo

También puedes usar tus manos para eliminar cualquier energía negativa de tu cuerpo energético. Puedes hacer esto poniéndote de pie y comenzando desde la parte superior de tu cabeza, usando las palmas de ambas manos despacio y suavemente, hasta que te pongas de pie. Al hacer esto, su intención y enfoque debería ser sentir y saber que está limpio de toda energía negativa (incluidos los desechos, toxinas, impurezas, bloqueos de energía o energías de menor vibración). Siente y sabe que estas energías negativas fluirán al centro de la tierra para transformarse en energía positiva, más alta, más fina y vibrante que será reutilizada por el Universo en el momento apropiado.

Música/Sonido

Puedes usar el sonido de una campana, un cuenco tibetano, aplaudir (como se describe arriba), palos, tambores y tu propia voz para limpiar tu energía o la energía dentro de una habitación. Una forma de usar tu propia voz es cantando. 'OM' es un poderoso símbolo sánscrito antiguo, sílaba sagrada y mantra que, cuando se canta, puede limpiar tu propia energía y la de cualquier habitación.

Hierbas e Incienso

Una técnica favorita para la limpieza es quemar hierbas sagradas o incienso, permitiendo que las propiedades energéticas de las plantas se liberen y el humo fluya a través de su aura o ambiente para eliminar cualquier impureza. Los curanderos, los chamanes y las brujas nativas de América usan comúnmente el sabio en un proceso llamado Manchas, ya que creen que el Espíritu puede transformar la energía negativa en una transformación. Hay dos formas principales en que puede difuminar.

En primer lugar, puede usar un conjunto de hierbas secas unidas con una cuerda llamada barra de manchas que se enciende al final, se apaga y se deja arder. Cuando se usa una barra para difuminar, a menudo compuesta de salvia blanca sola o mezclada con otras hierbas aromáticas, lo mejor es usar una pluma grande para avivar el humo alrededor de su campo energético, su hogar o lugar de trabajo para limpiar la energía. Alternativamente, puede encender un bloque de carbón que se coloca en un plato a prueba de calor y luego agregar hierbas secas sueltas, semi-en polvo o resina en el carbón para arder. Una vez encendido, deje que el disco de carbón se ponga gris antes de colocar el incienso encima.

Nuevamente use una pluma para enviar las energías a su campo áurico y a su espacio. Algunas de las hierbas más comunes utilizadas en la limpieza son salvia, sangre de dragón, copal, hisopo, cedro, eucalipto, romero y limón. También puede usar las siguientes hierbas o incienso para ayudar a limpiar las energías negativas de chacras particulares:

- **Corona:** Bergamota, Incienso, Sándalo
- **Tercer ojo:** Geranio, Mirra, Violetas
- **Garganta:** Eucalipto, La hierba de limón, Menta
- **Corazón:** Manzanilla, Lavanda, Rosa
- **Plexo solar:** Limón, Pino, Salvia
- **Sacra:** Naranja, Jazmín, Ylang-Ylang

- **Base:** Albahaca, Pachulí, árbol de té

Mientras la energía y la fragancia de las hierbas fluyen a través de su Chacra, visualice el humo en diferentes colores que giran dentro y alrededor de su cuerpo, llenándolo de un color radiante.

ACEITES ESENCIALES

Nuestro sentido del olfato es el más primitivo y más estrechamente asociado con nuestras emociones y la forma en que nuestro cuerpo responde a ellas, por lo que una de las mejores formas de limpiarse de las energías negativas es a través del uso de aceites esenciales. Puede hacer un aerosol de agua y aceites de aromaterapia como el romero, la lavanda o cualquier aceite que intuitivamente sienta que ayudará a reducir la energía negativa. También puede colocar aceites esenciales en un difusor, untarse o masajearlos en puntos de presión en su cuerpo para ayudarlo a limpiar. Los siguientes aceites se pueden usar con los Chacras para ayudar a limpiar los centros de energía específicos:

- **Corona:** Incienso, Gardenia
- **Tercer ojo:** Lavanda, Magnolia, Ylang-Ylang
- **Garganta:** Geranio, Limón, Pimienta, Abedul dulce
- **Corazón:** Eucalipto, Hierbabuena y Palo de Rosa
- **Plexo solar:** Bergamota, Pomelo, Romero y Limoncillo
- **Sacra:** Madera de Cedro, Mandarina, Pettigrain, Geranio
- **Base:** Ylang-Ylang, Vetiver

CRISTALES

Llevar, usar o colocar cristales en su cuerpo o alrededor de su hogar u oficina puede ayudar a limpiar su energía y el medio ambiente. Los mejores cristales para la energía limpiadora incluyen:

- Cuarzo claro
- Amatista
- Amatista Chevron
- Sanguinaria
- Ópalo de luna
- Citrino

Cualquiera de los cristales anteriores se puede llevar en bolsas o usar como joyas durante todo el día o mientras medita para ayudar a limpiar su energía. También puede colocarlos en la pantalla de su computadora o alrededor de su hogar y oficina.

Nota: Recuerde limpiar sus cristales de vibraciones y energías no deseadas después de cada uso.

AFIRMACIONES

La forma más simple de limpiar tu energía es usar tus pensamientos. Para limpiarte a ti mismo, puedes comenzar por imaginar una luz brillante que cae sobre tu cuerpo y decir 'ahora dejo ir y liberar toda la energía negativa desde dentro de mi aura'. También puede usar afirmaciones de forma similar para limpiar su espacio personal, el espacio en el que trabaja o cualquier otro entorno diciendo 'Todas las energías y entidades negativas se eliminan de este espacio. Solo el amor y la luz están permitidos en '. Puede decir las siguientes afirmaciones cada día para ayudar a limpiar su energía:

- Estoy limpio de todas las energías negativas
- Libero cualquier toxicidad de cada nivel de mi campo de energía
- Dejo ir viejas creencias que me mantienen atrapado en viejospatrones
- Dejo ir todo lo que no quiero o no necesito para mi mayor bien
- Ahora libero y estoy liberado de todo y de todos los que ya noforman parte del plan divino para mi vida
- Ahora, de forma completa y gratuita, me libero y dejo ir
- Dejo ir y crecer
- Dejo ir y confío

Visualización y Meditación

Las visualizaciones son una forma fantástica de ayudarlo a limpiar y eliminar la energía de su cuerpo y / o entorno al imaginar entornos, imágenes y situaciones que representan limpieza y limpieza. También puedes emprender un proceso similar para limpiar yendo a una meditacióndonde la mente está tranquila, tu sensación de relajación y el cuerpo, la mente y el espíritu se pueden eliminar. Para ayudarlo a limpiar y eliminar impurezas y reducir la energía, así como a limpiar varios aspectos dentro de su energía, escuche mi Meditación de limpieza y energía limpiadora.

Capítulo 6: Protección Espiritual

A medida que te vuelves más sensible a las energías que te rodean constantemente, es importante proteger tu campo de energía para que seas menos susceptible y no te molestes fácilmente por la negatividad que puedas enfrentar. Cuanto más espiritualmente consciente e intuitivo eres, más sensible eres a todas las energías que te rodean y necesitas proteger tu energía de asumir cualquier emoción, temor o problema innecesario.

¿Qué?

A medida que comiences a desarrollar tu intuición y conciencia espiritual, te volverás más sensible a todas las energías, positivas y / o negativas, que te rodean constantemente. Por lo tanto, debe ser consciente de proteger su energía para evitar captar y absorber cualquier negatividad o emociones, problemas innecesarios con los que se pueda encontrar al tratar con otras personas a lo largo de su vida diaria.

¿Por qué?

Una de las áreas alguna vez problemáticas del desarrollo psíquico es el consiguiente aumento de la sensibilidad a todas las energías que fluyen dentro de ti y a través de ti. A medida que comienzas a trabajar con otras personas, ya sea durante lecturas, sanaciones, consejería espiritual, etc., te estás conectando con su energía o la de sus seres queridos que ya pasaron. Cuando te conectas con esta energía, puedes estar expuesto a la energía negativa, ya sean pensamientos, emociones, creencias o patrones de comportamiento, miedo, ira, odio, depresión o personas / lugares negativos. Los argumentos realmente crean energía negativa que puede aferrarse a su campo de energía (aura) o acumularse en su hogar y causar problemas con el tiempo. Además, si alguien está pensando o hablando negativamente sobre ti, entonces están proyectando energía negativa en tu dirección. Si experimentas algunos de los siguientes, es posible que debas considerar la limpieza y luego proteger tus cuerpos energéticos:

- Irritable / perder su temperamento
- Drenada / baja energía
- Insomnio / malos hábitos de sueño / pesadillas
- Fácilmente influenciado por otros
- Amenazado / defensivo
- Fanático sobre alguien / algo
- Sentir las emociones / dolor de otras personas
- Chocar con las personas
- Copiar o vivir tu vida a través de otros
- Sensación de dolor en la parte posterior de su cuello, plexo solar (hoyo del estómago) o muñecas.

Nota: Muchos de estos también pueden estar relacionados con otras afecciones físicas o enfermedades, si tiene dudas, consulte siempre con su médico de cabecera.

Por lo tanto, es importante que mientras se desarrolla espiritualmente, se proteja de cualquier influencia externa negativa que pueda tener un impacto en su vida.

¿Cuándo y Dónde?

Una vez que haya utilizado una de las técnicas para poner a tierra y limpiar su energía, es importante proteger y proteger la nueva energía. Es bueno entrar en la rutina de proteger y proteger su energía por las mañanas cuando se despierta y luego quitarla cuando se acuesta por la noche. Si sientes que tienes mucha actividad a tu alrededor por la noche, también puedes optar por mantener tu protección activada.

Cuando comiences a sentir alguno de los síntomas de estar "desprotegido", también es importante que protejas tu energía para que comiences a sentirte tranquilo, en control y tener más claridad sobre tu situación. Puede proteger su energía prácticamente en cualquier lugar, en cualquier momento, ya sea que se sienta amenazado o no. Por la noche, antes de irse a la cama, antes de salir de la casa por la mañana, antes de viajar a cualquier lugar, mientras trabaja, conduce, etc., así como durante el ritual o mientras medita, son los momentos más comunes para proteger su energía.

¿Cómo?

Hay muchas técnicas diferentes para proteger su campo de energía. Es posible que deba probar algunas técnicas diferentes o adaptarlas a sus necesidades y con qué se sienta cómodo. Si bien es imposible cubrirlos a todos, a continuación, se proporcionan algunas técnicas diferentes para que pueda comenzar a probar algunas de estas técnicas para ver cuál funciona mejor para usted. Donde la energía es particularmente negativa o pesada, es posible que desee duplicar su protección mediante el uso de dos o más de los métodos a continuación.

MANDALAS

Mandala es la palabra sánscrita para círculo o mundo entero, que representa protección, buena suerte, curación o finalización. Son una representación visual del Universo y de todo lo que contiene formas geométricas y se contemplan durante la meditación. Durante siglos, los nativos americanos han usado mandalas en rituales de curación, pinturas tibetanas, rosetones góticos, laberintos dentro de las catedrales y yantras hindúes. Un mandala psíquico se usa para traer energía positiva y eliminar la negatividad. Puede diseñar su propio mandala incorporando diversas formas, como ángulos, triángulos, cuadrados, rectángulos, círculos o símbolos, así como los colores que caracterizan la protección para usted. Puede crear su propio mandala protector para su hogar o cualquier otro entorno utilizando el siguiente ritual:

Limpia el espacio que deseas proteger

Ve afuera y encuentra un palo para cada entrada

Dé gracias a la Madre Tierra por permitirle quitar los palos

Lleva los palitos a tu altar(si tienes uno) y luego enciende una vela blanca

Unte los palitos con geranio, ajo o aceite de romero mientras se concentra en poner energía protectora en los palitos

Toma cada palo y colócalos cerca de todas las entradas con la intención de proteger el espacios

Da gracias y gratitude a los Ángeles, el Espíritu y la Madre Tierra por ayudar a proteger elespacio

Puedes repetir este ritual cuando los palos ya no huelen.

SÍMBOLOS

Muchas culturas tienen símbolos específicos que usan para protegerse, evitando el mal y aportando energía positiva. Los símbolos son muy personales y solo deben usarse o llevarse si se sienten cómodos y adecuados para usted. Los siguientes son algunos de los símbolos más comunes usados para la protección:

El pentagrama, una estrella de cinco puntas, protege contra la brujería y el mal de ojo, ataques espirituales visibles e invisibles y devuelve energía negativa al remitente.

Los nudos celtas protegen contra conspiraciones contra ti, la magia grupal, los espíritus malignos y los demonios.

La cruz celta se cree que protege de los peligros espirituales de todo tipo.

Ojo de Horus es un símbolo protector importante en el antiguo Egipto y ayuda a proteger contra el mal de ojo.

El **Pentagrama** tiene cinco puntos, que representan el Espíritu y los cuatro elementos de la tierra, el aire, el fuego y el agua, y está asociado con el anterior, a continuación. Es un poderoso protector contra el mal que protege al usuario y al hogar de todas las formas de negatividad.

COLOR

Los colores se han utilizado en grupos religiosos y místicos para denotar diferentes jerarquías o niveles de autoridad durante muchos siglos. Los siguientes colores son particularmente buenos para la protección y se pueden usar o colocar en su cuerpo físico o puede visualizarse rodeado por una burbuja o neblina del color correspondiente:

- El oro está asociado con el sol y tiene una poderosa energía positiva (Yang). Por lo tanto, elimina cualquier energía que no esté en armonía con ella. Este color es más beneficioso en situaciones donde la energía es particularmente densa o perturbadora.
- El blanco es un buen color protector para las circunstancias normales del día a día, ya que simboliza la pureza y la vitalidad. Refleja todo lo que se envía, por lo que es útil cuando alguien envía energía negativa a su manera porque les permite ver cómo sus pensamientos y acciones le han afectado.

- Azul cielo lleva la calidad del amor espiritual. Una energía suave y pasiva que neutraliza y armoniza lo que se proyecta sobre ella. Este color es útil para transformar y difundir energías negativas de una manera no intrusiva y suave.
- El rosa representa el amor incondicional y te protege de cualquier energía negativa.
- El negro no es un color, sino más bien la falta de color, por lo que es útil cuando no quieres ser notado porque puede usarse para crear invisibilidad. Es particularmente útil para la protección si eres extremadamente sensible a la energía o energía de otras personas dentro de tu entorno. Evita el odio y las emociones negativas y debe usarse en combinación con otros colores.

Estos son algunos de los colores principales que las personas usan para la protección; sin embargo, puede usar otros colores que le atraigan intuitivamente. Experimenta con diferentes colores y anota lo que sientes o percibes sobre estas cualidades para descubrir lo que funciona para ti.

Hierbas

Las plantas y las hierbas se han utilizado durante miles de años por aquellos que realizan rituales para despertar habilidades psíquicas, limpiar hogares y personas de vibraciones negativas, atraer el amor, el dinero, la suerte, profundizar la espiritualidad, la protección y mucho más. Las hierbas se pueden agregar al incienso y aceites para aumentar sus energías, se usan para vestir velas o en popurrí de mezcla especial. Puede llenar algunos platos con plantas protectoras o hierbas que son buenas para prevenir (y eliminar) energía negativa como aloe, anís, albahaca, cactus, clavel, cedro, manzanilla, canela, comino, curry, eneldo, sangre de dragón, eucalipto, hinojo, helecho, lino, incienso, ajo, ginseng, hiedra, lavanda, mirra, cebolla, perejil, pimienta, menta, romero, salvia, tomillo. A continuación, coloque estos platos en mesas o estantes en las partes principales de su hogar. También puede hacer sobres bonitos a base de hierbas o "bolsas de encanto" para colgar en las puertas, meter en un cajón o colocar en su automóvil para protegerse mientras viaja. Rocíe hierbas protectoras en la parte superior de las puertas, o en los umbrales de su hogar.

Nota: ¡Algunas hierbas son tóxicas y deben mantenerse fuera del alcance de niños y animales! Las hierbas también deben reemplazarse cada poco mes, pero salpique las hierbas viejas afuera para que puedan ser devueltas a la tierra.

ÁNGELES Y GUÍAS ESPIRITUALES

¡Una de las maneras más efectivas de protegerse de las energías negativas mientras se desarrolla espiritualmente es pedir protección de sus Ángeles y Guías Espirituales! No caminas solo en esta vida, siempre estás rodeado de Ángeles y Guías Espirituales que te guían y te protegen en tu viaje. Desde el momento en que naciste, se te 'asignaron Ángeles y Guías, cuyo' trabajo 'es protegerte, confortarte y guiarte, y trabajar contigo para asegurarte de que vivas la vida más productiva posible aquí en la tierra. Tus Ángeles y Guías deben ser invitados a ayudarte ya que no pueden interferir con tu libre albedrío. Por lo tanto, puede solicitarles su protección para fines generales, o puede preguntar cuándo tiene una necesidad inmediata. Recuerde que los Ángeles y las Guías no son sus esclavos, lo ayudan porque lo desean, así que por favor respete y esté agradecido cuando solicite su ayuda. Agradezca su presencia en su vida y sepa que nunca está solo.

Párate o siéntate en un lugar cómodo donde no serás interrumpido.

Tome dos o tres respiraciones profundas dentro y fuera hasta que se sienta relajado.

Luego solicite en su mente o en voz alta uno (o más) de los siguientes:

El ArcángelRafaelseparafrenteamíymeprotegedetododaño.

El ArcángelMiguelseencuentraaladerechademíymeprotegede todo daño

El ArcángelGabrielestádetrásdemíymeprotegedetododaño

El ArcángelUrielseparaalaizquierdademíymeprotegedetodo daño

CRISTALES

Los cristales se han utilizado desde la época de los antiguos egipcios, ya que ciertos cristales poseen cualidades protectoras naturales. Puede colocar cristales específicos en las esquinas de una habitación en el hogar o en la oficina, llevar, usar o colocar cristales en su cuerpo para actuar como un escudo de las energías negativas. Los mejores cristales para proteger la energía incluyen:

- Amatista
- Obsidiana negra
- Aventurina azul
- Cornalina
- Citrine
- Granate
- Kyanita

- Lapislázuli
- Mookaite

Cualquiera de los cristales anteriores se puede llevar en bolsas o usar como joyas durante todo el día o mientras medita para ayudar a proteger su energía. También puede colocarlos en las cuatro esquinas de una mesa desde la que está trabajando.

Nota: Recuerde limpiar sus cristales de vibraciones y energías no deseadas después de cada uso.

LÍMITES ESPIRITUALES

Una de las cosas más importantes que debe aprender cuando se abre y desarrolla espiritualmente es reclamar su poder y protegerse estableciendo límites personales y espirituales fuertes y saludables. Los límites son pautas personales o límites sobre lo que está dispuesto a aceptar en sus relaciones y de las personas (que viven o fallecieron) y pueden ser físicas, mentales, emocionales o espirituales. También son herramientas que puede usar para resistirse a los negativos y para aceptar el apoyo y la crianza de los demás. Los límites te ayudan a poner orden en tu vida y a medida que aprendes a fortalecer tus límites, obtienes una idea más clara de ti mismo yde tu relación con los demás. Los límites te permiten determinar cómo serás tratado por los demás. Son 'vallas' invisibles y simbólicas que ayudan a protegerte de las energías negativas. Para más detalles sobre los límites espirituales, consulte el capítulo 7.

VIVIENDO TU VERDAD

La mejor forma de protección psíquica es vivir tu verdad. ¿Cuál es tu propósito divino? ¡Encuéntralo! Entonces realmente vividlo. Si estás haciendo lo que estás destinado a hacer, el Universo te apoyará y hay muy poco que nadie más pueda hacer o decir que pueda detenerte. Tu verdad no es tu destino Debes elegir cumplirlo, y una vez que elijas vivir conscientemente tu propósito completo, tendrás una protección divina que te ayudará en todas las áreas difíciles de la vida.

Afirmaciones

Porque lo que sentimos y pensamos crea energía, nos afecta a nosotros y a las personas que nos rodean de la manera más sutil, ser positivo y honestamente conocerse a usted mismo es una de las protecciones más fuertes que tiene contra la energía negativa. Las energías positivas se disuelven o 'cancelan' las negativas, por lo que puedes dirigir un pensamiento positivo de la misma o mayor fuerza a cualquier pensamiento negativo. Las siguientes afirmaciones pueden usarse todos los días, o cuando te sientes atraído, para proteger tu energía espiritualmente:

1. Estoy rodeado de luz blanca divina pura, que me protege de cualquier negatividad, peligro y daño
2. Estoy divinamente protegido y cuidado
3. Me siento seguro y protegido
4. Sé que estoy a salvo y el Espíritu continuamente vela por mí
5. Vivo en un ambiente protegido y seguro

También puede organizar espíritus positivos para ayudarlo a protegerse de los negativos.

Visualización y Meditación

En lugar de enfocarse en un objeto externo, puede usar visualizaciones para enfocarse en el interior y la imagen de que está seguro y protegido en su entorno, situaciones o la vida cotidiana. La meditación también es una gran manera de ayudarlo a relajarse, rejuvenecer el cuerpo, la mente y el espíritu a través de un proceso de relajación profunda y luego proteger su energía. Escuche mi Meditación de Protección de Energía para ayudarlo a proteger su energía o su espacio de las energías negativas.

De nuevo, aunque hay muchas formas diferentes de proteger y proteger tu energía, es importante asegurarte de que tu escudo no tenga agujeros ni brechas que puedan drenar tu energía. Su protección debería sentirse tan cómoda, debería poder saber que está allí como parte de usted. Con mucha práctica y protección regular, encontrarás que construirás un fuerte escudo de protección que siempre estará contigo.

Capítulo 7: Límites Espirituales

Una de las cosas más importantes que debe aprender cuando se abre y desarrolla espiritualmente es reclamar su poder y protegerse estableciendo límites personales y espirituales fuertes y saludables. Los límites son pautas personales o límites sobre lo que está dispuesto a aceptar en sus relaciones y de las personas (que viven o fallecieron) y pueden ser físicas, mentales, emocionales o espirituales. También son herramientas que puede usar para resistirse a los negativos y para aceptar el apoyo y la crianza de los demás. Los límites te ayudan a poner orden en tu vida y a medida que aprendes a fortalecer tus límites, obtienes una idea más clara de ti mismo y de tu relación con los demás. Los límites te permiten determinar cómo serás tratado por los demás. Son 'vallas' invisibles y simbólicas que tienen tres propósitos principales:

1. para evitar que las personas entren a su espacio y lo maltraten
2. para evitar que vayas al espacio de otros y los maltrates
3. para que pueda encarnar su sentido de "quién es usted"

Tu piel es el límite más íntimo que posees porque literalmente establece dónde terminas y comienza todo lo demás.

Límites Físicos

¡Todo dentro de tu piel eres tú y todo lo que está afuera, no eres tú! Por lo tanto, su sentido del espacio personal es una parte importante de su límite físico y determina qué tan cerca permitirá que los demás acudan a usted. Representan su nivel de comodidad personal, expresión sexual y privacidad y lo ayudan a reconocer quién es usted, y cómo, cuándo y dónde puede ser tocado. Por ejemplo, algunos de ustedes podrían estar dispuestos a abrazar a todos los que se encuentran, mientras que otros pueden tener dificultades para estrechar la mano. Otros límites físicos pueden incluir vestimenta, refugio, seguridad, dinero, tiempo, etc. Por ejemplo, algunos de ustedes pueden mantener sus puertas abiertas (incluso desbloqueadas) mientras que otras prefieren las cortinas corridas. Si bien la mayoría de los límites físicos son reconfortantes, también pueden ser bastante limitantes y terminarán impidiéndole avanzar en la vida.

Límites Mentales y Emocionales

Los límites mentales y emocionales que incluyen tus valores, creencias, pensamientos, ideas, sentimientos, decisiones, intereses, relaciones, responsabilidades, respeto, etc. también son importantes.

Valores Fundamentales

Para entender los límites que desea establecer para usted, debe saber quién es realmente y qué hace diariamente, que se define por sus valores fundamentales. Sus valores fundamentales son innegociables, consistentes, verdaderamente importantes para usted, energetizan y afectan todas las áreas de su vida. Si usted es consciente de ellos o no, todos tienen y demuestran sus valores fundamentales por la forma en que vive su vida. Sus valores son acerca de lo que necesita para vivir su vida de manera auténtica para que pueda ser feliz y sentirse bien. Se trata de sus creencias firmemente arraigadas sobre lo que lo convierte en una persona de valor y también lo que considera valioso en los demás. La mayoría de las personas nunca definen sus valores fundamentales porque requieren mucha reflexión, lo que hace que establecer límites sea extremadamente difícil. Algunos valores básicos comunes incluyen:

- Autenticidad
- Integridad
- Influencia
- Felicidad
- Paz
- Riqueza
- Amor
- Poder
- Éxito
- Amistad
- Familia
- Justicia
- Estado
- Alegría
- Sabiduría
- Reconocimiento

Cuando estás alineado con tus valores centrales profundamente arraigados, te estás honrando y honrándote a ti mismo, lo que da como resultado una sensación de plenitud, bienestar y satisfacción. También te energizas a ti y a los que te rodean, avanzas en la dirección correcta, atraes personas con valores similares, creas y mantienes relaciones significativas ycreas una mayor unidad entre familia, amigos, clientes, empleados, etc. Tus límites están unidos y trabajan juntos con sus valores, ya que le permiten saber qué es bueno y malo, correcto y equivocado, tanto en términos de moralidad y cómo se siente acerca de lo que está sucediendo a su alrededor. Entonces, si tienes valores fuertes que se alinean con tus acciones, entonces tienes fuertes límites para apoyar tus valores. Sin embargo, donde tiene poco o ningún límite, sus valores pueden ser superficiales o débiles y causar estrés y otros impactos no tan positivos en su vida.

CREENCIAS

Su verdadera identidad también se basa en lo que usted decide que va a creer, que luego da forma a sus acciones diarias, pensamientos y elecciones. Las creencias son tus verdades individuales, tus reglas de vida y tu visión de cómo es la vida y cómo debería ser. Son tus pensamientos sobre ti, sobre los demás, sobre cómo esperas que sean las cosas, cómo piensas que realmente son las cosas, qué piensas que es realmente cierto yqué consecuencias esperas que puedan resultar de un comportamiento particular.

Sus creencias normalmente se desarrollan a lo largo del tiempo, son aquello con lo que ha crecido y que ha "aprendido" a creer y actuar, por lo que le da una sensación de certeza y una base para la toma de decisiones. Las creencias pueden ser fortalecedoras, relacionadas con la excelencia y cómo se pueden lograr, o limitar dónde su comportamiento no es lo que quiere, pero cree que no puede cambiarlo.

Cuando estás en alineación directa con tus creencias, mantenlas como verdaderas y actúa sobre ellas, te sientes fuerte y con poder y crea límites fuertes que te protegen y te alineas con personas que tienen creencias similares. Si no estás alineado con tus creencias y no estás actuando sobre ellas, puedes mantenerte encerrado detrás de tus miedos, lo que a menudo resulta en enojo. Por lo tanto, es importante asegurarse de estar en alineación directa con sus valores.

EMOCIONES

Los límites emocionales definen dónde terminan tus sentimientos y comienza la de otra persona. Para crear límites saludables, es extremadamente importante conectarse con sus sentimientos. Sus límites emocionales a menudo se crean por la respuesta que recibe en ciertas situaciones. Si se lo alentó a hablar e identificar sus sentimientos y se los trató cálidamente y con amor, es muy probable que tenga un fuerte sentido de sus límites emocionales. Sin embargo, si has aprendido a alejar tus emociones, a separarte de tus sentimientos e ignorarlos porque tus sentimientos han sido recibidos con desaprobación, dureza o simplemente han sido ignorados en el pasado, probablemente debas establecer algunos límites emocionales. Las siguientes preguntas pueden ayudarlo a identificarsi tiene límites emocionales fuertes o débiles:

- ¿Asumes la responsabilidad de tus sentimientos y necesidades, y permites que otros hagan lo mismo?
- ¿Te sientes demasiado responsable de los sentimientos y las necesidades de los demás y descuidas el tuyo?
- ¿Eres capaz de decir 'no'?
- ¿Puedes pedir lo que necesitas?

- ¿Eres una persona compulsiva?
- ¿Te enojas simplemente porque otros están molestos a tu alrededor?
- ¿Mimes las opiniones de quién eres?

A veces, la protección, en particular de las personas que son dañinas para usted, de manera intencional o no, es tan simple como decir 'no' y apegarse a ella. Si alguien te pide que hagas algo o vayas a algún lado, y solo dices que sí porque tienes miedo de ser "malo" o "decepcionándolos", pero sabes que no es una buena situación para ti, debes aprender a decir que no. Como adulto, solo tú defines lo que es aceptable e inaceptable en tu vida. Dibuja esos límites y adhiérete a ellos.

Espiritual

A medida que comienzas a desarrollarte espiritualmente, es extremadamente importante que establezcas límites espirituales. Los límites espirituales se relacionan con la religión, las prácticas espirituales y su conexión con su ser interno, su yo superior y su espíritu. ¡Tú y solo tú eligen un camino espiritual para ustedes! Otros pueden ayudarte y ayudarte en tu camino, sin embargo, nadie puede obligarte a tomar un camino particular porque tu desarrollo espiritual proviene de ti.

Violaciones de los Límites

Físico

La forma más común en que se pueden violar los límites físicos es a través del contacto inapropiado o no deseado o la ausencia de contacto, lo que puede hacer que se creen límites rígidos, quizás muros. También podría tener límites físicos que no son sólidos y no saber que tiene derecho a decir "no" y terminar violando sus límites. A continuación, se encuentran algunos ejemplos comunes de violaciones de los límites físicos:

- De pie demasiado cerca de una persona sin su permiso
- Tocar a una persona (física o sexualmente) sin su permiso
- Entrar en las pertenencias personales y en el espacio vital de una persona (por ejemplo, billetera, correo, vestuario)
- Escuchar las conversaciones personales o llamadas telefónicas deuna persona sin su permiso
- No permitir que una persona tenga privacidad o viole el derecho ala privacidad de una persona

Mental y Emocional

Algunos ejemplos comunes de cómo el comportamiento no se alinea con sus valores e indican poco o la falta de límites incluyen:

- Hacer un compromiso o promesa de hacer algo, pero no cumplir, loque revela una falta de integridad
- Gritar, gritar y abusar verbalmente de los demás, insultar, ridiculizar o patrocinar a las personas, lo que revela una falta de respeto
- Decir a alguien cómo deberían ser o qué deberían hacer, lo que revela problemas negativos con el control

Cuando se desafía cualquiera de sus creencias, su respuesta inmediata es resistirse, lo que incluso puede convertirse en enojo si lo encuentra personalmente insultante. Una de las formas más comunes en que sus creencias pueden ser violadas es cuando otros le dicen lo que 'debería' creer. Por ejemplo, si crees en la vida después de la muerte, tu creencia puede ser desafiada por otros y puedes sentir que te atacan personalmente por tu creencia. Por lo tanto, es importante identificar cualquier creencia limitante que pueda estar frenando y cambiar, reemplazar o descartar por completo. A continuación, se enumeran algunas creencias poco saludables con las que puede estar familiarizado y que permiten ignorar o violar los límites:

- Nunca puedo decir 'no' a los demás
- Nunca más puedo confiar en nadie
- Me sentiría culpable si hiciera algo por mi cuenta
- Debo hacer todo lo posible para pasar tanto tiempo contigo
- Si me quedo callado y no me quejo, la gente eventualmente me dejará solo
- Mientras no sea visto ni escuchado, no seré violado ni herido
- Prefiero no prestar atención a lo que me está sucediendo en esta relación, por lo que no tengo que sentir el dolor y el dolor
- Me he sentido mal en el pasado y nunca dejaré que nadie se acerque lo suficiente para herirme de nuevo.

Cuando ignoras, te alejas o te separas de cómo te sientes como resultado de las acciones de otros o permites que otros te lastimen emocionalmente, no se ven afectados. Entonces, debe establecer un límite entre ustedes dos, haciéndoles saber que han violado uno de sus límites emocionales. Los límites emocionales se pueden violar a través de:

- Palabras o acciones que reducen su sentido de autoestima, autoestima y capacidad para funcionar como un miembro valioso de lacomunidad
- Papeles poco claros (niño obligado a asumir el rol de padre)
- Comportamiento irrespetuoso
- Insultar
- Lenguaje soez
- Perturbar
- Negarse a reconocer sus necesidades, deseos o usted comopersona
- Tener opiniones e ideas descartadas o ignoradas

Espiritual

Si un espíritu ha violado tus límites y mezclado con tu energía en un lugar o tiempo inapropiado o te está haciendo sentir incómodo, entonces está violando tus límites espirituales. Algunos síntomas físicos comunes que puede experimentar si un espíritu se mezcla muy de cerca incluyen:

- Dolor de cabeza repentino
- Mareos
- Apretando la mandíbula
- Corazón acelerado, bombeo de sangre en tus oídos
- Escalofríos, síntomas de tipo frío
- Sentirse inexplicablemente nervioso, frenético o en pánico
- Dolor de cuello, dolor de espalda

Límites Ignorados

Puede notar que se ignoran los límites si uno o más de los siguientes signos son evidentes:

Desprendimiento Excesivo

Cuando usted y otros en un grupo o familia son totalmente independientes, no tienen conexión emocional, carecen de un propósito común, objetivo, identidad o razón de ser para existir juntos. Usted y las otras personas no tienen ningún deseo de unirse y formar un sindicato por temor a perder su identidad personal.

Más de Enmiendas

Cuando usted y todos los miembros de un grupo tienen que pensar, sentir y actuar de la misma manera, sin desviarse de las normas. La unicidad y la autonomía no se consideran aceptables.

Des Asociación

Cuando está expuesto a un evento emocional estresante, puede dejar en blanco y perder el contacto con sus sentimientos sobre lo que sucedió y no poder recordar. Cuando sientes que se está violando tu espacio físico y / o emocional, te dices a ti mismo "no importa", "ignóralo y desaparecerá", "no luches, simplemente aguanta y todo terminará pronto", 'no aguantes una lucha o será peor'.

Victimadas o Martirio

Cuando siente que alguien ha violado o faltado al respeto alguno de sus límites, puede sentirse decepcionado, herido, oprimido, ignorado, maltratado o aprovechado. ¡Tu eslogan es "pobre de mí!" Y puedes alentar activa o pasivamente a otros para que te victimicen como medio de ganar amor o atención y luego dejar que otros sepan de tu martirio (sufrimiento).

Perseguidor o Salvador

Cuando sutil u obviamente les dice a otros que no son lo suficientemente buenos, o que usted es mejor que ellos, maltratan física o emocionalmente a otros o limitan, culpan y oprimen a otros, están persiguiendo a otros y violando o faltando el respeto a sus límites. Además, cuando antepones las necesidades de los demás, protegiendo, asesorando y transmitiendo sentimientos hacia ellos, violas o faltas de respeto a los límites de los demás. El rescatador se siente responsable de los demás, piensa que saben mejor que la otra persona sobre lo que necesitan y dicen cosas como "aquí, déjame hacerlo por ti, pobrecito", lo que coloca a la otra persona en el papel de víctima y se siente débil o incapaz de hacer cosas por sí mismos. Al violar o irrespetar los límites de otros, simplemente buscas amor de una manera indirecta.

Chip en el Hombro

Cuando se siente enojado por violaciones de límites físicos y / o emocionales o cuando otros han ignorado sus derechos en el pasado, ya sean reales o percibidos, ¡puede tener un chip en su hombro que desafíe a la gente a acercarse demasiado a usted!

Invisibilidad

Cuando no quiere que los demás sepan cómo se siente realmente o lo que realmente está pensando, puede retirarse en el hospital o tratar de controlar en exceso para que no lo vean ni oigan y no se puedan violar sus límites.

Alteza o Timidez

Cuando ha tenido experiencias reales o percibidas de ser ignorado, amado o rechazado en el pasado, se vuelve inseguro y se defiende rechazando alos demás antes de que lo rechacen. Esto te mantiene enfocándote hacia adentro y resulta en que no estás dispuesto o temes abrirse a los demás.

Frío y Distante

Cuando experimentas daño o dolor por haber sido violado, herido, ignorado o rechazado en el pasado, una forma de mantener a los demás fuera de juego y posponerlos, puedes construir paredes para asegurarte de que los demás no puedan invadir tu espacio emocional o físico.

Sofocando

Cuando alguien está demasiado preocupado por sus necesidades e intereses e invade su espacio físico y emocional, puede sentirse abrumado, como si lo estuvieran estrangulando, lo aferraran demasiado y no pudieran respirar libremente.

Intimidad

Cuando se espera que les hagas saber a los demás todos los detalles sobre cómo te sientes, las reacciones, las opiniones, las relaciones y las relaciones con el mundo exterior, es posible que sientas que nada de lo que piensas, sientes o experimentas es privado.

ESTABLECER LÍMITES SALUDABLES

Cuando no eres sólido con tus límites, eres vulnerable al dolor emocional y la falta de autenticidad, por lo que es importante tener claro cuáles son tus límites para protegerte y para que usted sabe cómo respetar las fronteras de los demás también. Establecer límites no se trata de que usted controle a otras personas; se trata de decidir qué es aceptable e inaceptable para usted y luego tomar medidas para hacer lo que pueda para mantener fuera de su vida aquellas conductas que considera inaceptables. Los límites saludables deben comenzar desde adentro, desde usted, y aunque pueden tomar tiempo, nunca es demasiado tarde para establecer límites saludables para usted. Puedes comenzar ahora por:

- Identificar cómo sus opiniones o valores difieren de los que lerodean
- Identificando cualquier violación que hayas experimentado, particularmente durante tu niñez, quién estuvo involucrado, cualquier daño causado, perdónalo y déjalo ir.
- Examinar los límites establecidos en sus relaciones y determinar si se siente cómodo con ellos o si necesita restablecer respetuosamente sus límites.

Físico

En términos de tus límites físicos, es importante que identifiques y establezcas límites en cuanto a qué tan cerca están las personas de ti y el nivel de contacto físico con el que te sientes cómodo. Puede comenzar a examinar sus límites físicos respondiendo las siguientes preguntas para descubrir con qué se siente cómodo:

- ¿Qué tan cerca le permites a alguien pararse dentro de tu espacio personal antes de que te sientas incómodo?
- ¿Te parece bien que un extraño te ponga la mano en el hombro?
- ¿Está bien que permitas que otros te toquen de manera inapropiada?
- ¿Sería cómodo para un extraño preguntarte sobre tus experienciassexuales?
- ¿Está bien si un extraño entra a su casa y se acomoda sin serinvitado?

Una vez que haya identificado todos sus valores en términos de sus límites físicos, entonces se sentirá más seguro de estar en su poder y proteger su límite al hablar por sí mismo cuando y si son violados o ignorados, ya sea por una persona que es viviendo o pasado.

Mental y Emocional

Las siguientes son algunas creencias más saludables y fortalecedoras que ayudan a reforzar los límites fuertes:

- Puedo decir 'no' a otros si invade mi espacio o no me parece correcto
- Puedo protegerme a mí mismo y defenderme asertivamente para asegurarme de que no me hiera si mi espacio o mis derechos son violados o ignorados
- Exploro mis propios intereses y pasatiempos para que yo sea mi verdadero yo único
- Defenderé y afirmaré mis derechos para ser respetado

- Si otros no respetan mis límites, entonces tengo el derecho de dejarlos o pedirles que se muden de mi vida
- Tengo derecho a ser visto y escuchado
- Elijo abrirme a los demás confiando en que seré asertivo paraprotegerme y proteger mis límites

Los límites emocionales definen dónde terminan nuestros sentimientos y comienza la de otra persona. Para que pueda comenzar a examinar dónde están sus límites emocionales formulándose las siguientes preguntas:

- ¿Asumes la responsabilidad de tus sentimientos y necesidades, y permites que otros hagan lo mismo?
- ¿Te sientes demasiado responsable de los sentimientos y necesidades de los demás y descuidas el nuestro?
- ¿Eres capaz de decir 'no'?
- ¿Puedes pedir lo que necesitas?
- ¿Eres una persona compulsiva?
- ¿Te enojas simplemente porque otros están molestos a tualrededor?
- ¿Copias las opiniones de quién eres?

Las respuestas a las preguntas anteriores te ayudarán a definir dónde están tus líneas en términos de tus límites emocionales.

ESPIRITUAL

Si notas que los espíritus se mezclan demasiado con tu energía, lo mejor que puedes hacer es reconocerlo y conscientemente decirles que den un paso atrás o que te digan a ti mismo que dejo ir esta energía. Cualquier comunicación con aquellos en el mundo de los espíritus debería completarse a través de su Guía espiritual y es un proceso de comunicación bidireccional. Por lo tanto, es importante que identifiques lo que eres y no te sientas cómodo trabajando espiritualmente. Por ejemplo, algunas personas solo se sentirán cómodas trabajando con espíritus de frecuencias energéticas más ligeras y elevadas. Otros se sienten cómodos trabajando con energías inferiores y negativas para ayudarlos a cruzar hacia la luz mediante el trabajo de rescate espiritual. Una vez que sepa con qué forma de trabajo espiritual se siente cómodo y cuáles son sus límites en términos de cuándo y dónde los espíritus se pueden comunicar con usted, es importante que sus Guías conozcan estos límites. A continuación, se incluyen algunos consejos finales para establecer límites saludables:

- Establezca límites simples y claros de una manera calmada, firme, respetuosa y amorosa sin justificar, disculparse o racionalizarlos.
- Usted es responsable de comunicar sus límites y no de la reacción de otra persona al límite que está configurando
- Usted tiene el derecho de cuidarse y establecer límites sin sentirse ansioso, egoísta, culpable o avergonzado, requiere práctica y determinación
- Escuche su intuición, si algo no se siente bien, que sea seguro y asertivo al establecer límites saludables con los demás, para que yano tenga que levantar paredes.
- Si se encuentra en el rol de víctima, cambie su propio comportamiento pensando en sus límites y lo que debe hacer para aplicarlos
- Pídales a las personas que dejen de hacer algo hiriente u ofensivo, pídales que le permitan resolver las cosas por sí mismos o que abandonen (o eviten) una situación peligrosa o tóxica.

- Pase menos tiempo con amigos o parientes que no lo respaldan
- Reconozca y respete la responsabilidad de otras personas en sus propias elecciones de vida y muestre empatía, aliento y confronte amablemente donde necesita
- Ofrezca ayuda si la solicita y está dispuesto a brindarla.
- Sus límites pueden ser probados, planificar, esperar, pero ser firme, claro y respetuoso al establecer sus límites
- Asegúrese de que su comportamiento coincida con los límites que ha configurado o enviará mensajes mezclados
- Esté preparado para mantenerse firme cuando sus límites no son respetados. Algunas personas no estarán dispuestas a respetar tus límites, por lo que es posible que necesites colgar un muro al finalizar la relación
- Establecer límites es un proceso que lleva tiempo y se hará cuando esté listo, no cuando alguien más le diga que lo haga.
- Establecer límites saludables permite que emerja tu yo verdadero,
- ¡y qué viaje más emocionante es ese!

Capítulo 8: Conectando al Espíritu

Todos tienen la capacidad de conectarse enérgicamente con el Espíritu, ya sea para comunicarse con sus Guías o seres queridos que han pasado al mundo de los espíritus. Es una cuestión de abrirse a la energía, a través de su Chacra coronario y conectarse. Al igual que una línea telefónica hasta el corazón del Universo mientras se está conectado a la Madre Tierra a través del Chacra base o las plantas de los pies. Debido a que la energía en el mundo del espíritu está vibrando a ritmos diferentes, más altos que los del mundo físico, necesitas abrirse a la energía Divina, elevar tus vibraciones espirituales, sentarte en el poder del Espíritu y luego combinar tu energía con la de Espíritu para que la información pueda ser enviada y recibida.

Aumentando la Vibración y Construyendo Poder Espiritual

Cuando elevas tu vibración espiritual, comienzas a resonar a una frecuencia más alta que aumenta tu conciencia y conexión con el Espíritu. Cuando te sientes "bajo" o "hacia abajo", tu vibración espiritual sería baja, sin embargo, cuando te sientes "arriba" o "alto", tienes una gran vibración. Para conectarse conscientemente con el Espíritu, tienes que estar en este estado de vibración "superior". Algunos ejemplos de cómo puedes elevar tu vibración espiritual incluyen:

- Purifica tu cuerpo (come frutas y verduras frescas, granos integrales, nueces, etc., y bebe mucha agua)

- Ejercicio (desde correr hasta practicar yoga y escalar, el ejercicio acelerará tu energía)
- Concéntrese en pensamientos y emociones positivas (los sentimientos "bajos" incluyen enojo, pena, culpa, odio, desesperación, miedo, celos y frustración, mientras que los sentimientos de "ascendente" incluyen respeto, aprecio, alegría, esperanza, fortaleza, paz, amor, etc.)
- Rodéese de personas positivas y edificantes, o de un entorno hermoso, pacífico o feliz
- Medite (calme su mente, concéntrese en su respiración y escuche)
- Practica la gratitud y la compasión (recuerda cuán bendecido eres y ayuda a alguien menos afortunado que tú)
- Diario para explorar su propio crecimiento personal

La meditación es una de las mejores maneras de ayudar a elevar tu vibración. A medida que comiences a vibrar a una frecuencia más alta, aumentarás tu conciencia y tu conexión con el Espíritu. La meditación te ayudará a aclarar tu mente, a ayudarte a encontrar tu camino espiritual y a obtener claridad sobre algunas de tus preguntas.

¡Sin duda te han enseñado muchas técnicas diferentes sobre cómo meditar! Si bien creo que cada uno de ustedes encontrará un método que funcione mejor para usted, es importante recordar que la intención siempre es aclarar su mente, abandonar todos los pensamientos terrenales y simplemente sentarse y estar en Uno con el Espíritu.

Cuando te sientas en Uno con Espíritu estás construyendo tu poder espiritual (elevando tu vibración). No está buscando respuestas o soluciones a ningún problema que pueda experimentar.

El propósito es simplemente aumentar tu vibración para que puedas conectarte con aquellos en el mundo de los espíritus con facilidad y gracia. Por favor, ¡no salte sobre eso! Ser consciente de tu respiración y tu conexión con Spirit, incluso si solo es por unos momentos, hará una gran diferencia en tu día. Simplemente inhale Espíritu y exhale lo que quiera liberar (miedo, ira, dolor, etc.).

Esta es una práctica que debe hacer durante diez minutos cada día, más tiempo si es posible, en un horario regular para que el Espíritu esté allí. para ayudarte a construir tu energía Al construir su poder espiritual todos los días, también se está recordando a sí mismo de su conexión constante con el Espíritu, que lo liberará para recibir los dones que se le ofrecen.

INTUICIÓN V'S EGO (MIEDO)

La intuición significa conocimiento instintivo e inconsciente sin deducción o razonamiento. La guía intuitiva aparecerá rápidamente, como un rayo, a menudo en respuesta a una pregunta o solicitud de apoyo y ayuda y se siente ligero, positivo, motivador y alentador. Este tipo de mensajes aparecerán de manera constante y repetitiva una y otra vez, casi siempre motivados por un deseo de mejorar una situación y lo instarán a continuar adelante con un sentimiento de "usted puede hacerlo" detrás de ellos. La información intuitiva también se adaptará a tus talentos naturales, habilidades, habilidades, pasiones e intereses, siempre vendrá de un espacio de alta vibración de amor, alegría, felicidad y te moverá haciaadelante en tu viaje.

La orientación basada en el ego a menudo llega muy lentamente en respuesta a la preocupación o el miedo (la evidencia falsa parece real), es inconsistente, desorganizada, destruye su confianza y tiene como objetivo hacer que sea rico, famoso y colocarlo por encima de los demás. Este tipo de información a menudo contendrá consejos o acciones para tomar queno tienen ningún interés o deseo de seguir, te mantienen atrapado en situaciones que no sirven para tu mayor bien y provienen de un espacio vibratorio negativo.

Por lo tanto, cuando comienzas a trabajar con Spirit es extremadamente importante poder reconocer la diferencia entre la guía que se recibe intuitivamente y la del miedo (ego). Cuanto más puedas reconocer la verdadera guía intuitiva, más comenzarás a confiar en la información que recibes y en Spirit para guiarte en tu camino hacia el éxito.

CONECTANDO Y MEZCLANDO CON EL ESPÍRITU

Una vez que hayas alzado tu vibración y acumulado tu energía espiritual, el siguiente paso es conectarte y fundirte con aquellos en el mundo de los espíritus. ¡Antes de hacer cualquier trabajo espiritual es obviamente importante conectarse con el Espíritu antes de comenzar! Probablemente le enseñaron, le enseñaron o leyeron muchos métodos diferentes para conectarse con el Espíritu, incluyendo la apertura de todos sus Chacras desde el Chacra base hasta su corona, etc. etc. Sí, necesita calmar su mente, desarrollar su poder espiritual (elevar su vibración) para que esté más cerca del Espíritu y sea receptivo a la capacidad de sentir y tener contacto con el Espíritu. ¡Sin embargo, conectarse es tan fácil como reconocer que ya tienes una conexión con Spirit!

Aquellos en el mundo de los espíritus son seres de energía y luz, así que cuando desees sentir y tener contacto con el Espíritu, invítales a que se conecten contigo y luego intentarán combinar sus energías espirituales con las tuyas. Debido a que tu vibración espiritual es mucho más lenta que la del Espíritu, si has aumentado tu vibración espiritual, el Espíritu puede encontrarte a mitad de camino entre su vibración normal y tu propia vibración normal para que la comunicación sea posible.

Para mezclarse con los que están en el mundo de los espíritus, solo tienes que invitarlos a que se acerquen un poco para que puedas fundirte con su energía y comenzar a trabajar con ellos. ¡Normalmente eres más receptivo al contacto del mundo espiritual cuando te duermes y justo antes de que te despiertes, mientras estás soñando despierto o en estado de meditación porque tu mente está en calma y no está llena de pensamientos sobre tu vida diaria! Entonces, una vez que un espíritu se acerca, los percibes en tu campo de energía, puedes salirte de tu camino y comenzar a 'vincularse' con el espíritu para que eventualmente puedas transmitir mensajes a sus seres queridos.

Guías de Espíritu

Así como usted es un ser espiritual en un cuerpo físico, los guías son seres espirituales que no tienen cuerpos en este momento. Pero probablemente hayan tenido cuerpos físicos antes e incluso podrían tener cuerpos otra vez. A menudo oirás que los trabajadores espirituales, médiums y psíquicos se refieren a las Guías Espirituales, sin embargo, no te obsesiones con cómo se ve tu guía, de dónde vienen, etc. La mayoría de los espíritus (incluidas las Guías) se dan a conocer en algún humano (o animal) como "forma" para facilitar su identificación en lugar de su verdadera imagen de "luz espiritual". Por ejemplo, una guía podría verse como un indio rojo, una persona china, un águila, un cuervo, etc. Las guías no son ninguna de estas cosas porque el espíritu es espíritu (luz). Por lo general, se ven iguales siempre que los veas, de lo contrario te confundirías y pensarías que tienes cientos de guías. Lo más importante es saber que tienes guías, sentir su energía y entender cómo trabajar con ellas.

Guía Principal o Guardián o Ángel de la Guarda

Este es el espíritu más iluminado e importante que ayuda a cuidarte como individuo. Son responsables de protegernos cuando intencionalmente, o involuntariamente, abandonamos nuestros cuerpos (viajes astrales, etc.) y nos proporcionan orientación espiritual general y usualmente estamos con usted durante toda su vida física. Como tienen acceso al "registro akáshico" o al "Libro de la vida", pueden recordarnos nuestras vidas pasadas. Su guía principal estará allí para ayudarlo cuando ingrese al mundo de los espíritus.

Guías

Hay otras guías que no siempre están con nosotros todo el tiempo, pero vienen cuando pueden ayudarlo a orientarlo o aprender algo nuevo. Estos espíritus a menudo nos han conocido en esta y / o en una vida anterior / viven como un hermano, una hermana, una esposa, un esposo, etc. y tenderán a tener una edad espiritual similar a la tuya, "atrae a los semejantes".

Ayudantes

Estos espíritus son como guías, pero a menudo comparten el mismo interés que nosotros y simplemente están interesados en lo que estás haciendo. Por ejemplo, si eres un bailarín, y un espíritu que era bailarín sabe que estás bailando, pueden acercarse a ti para que sientan lo que estás haciendo.

Portero o Portero

Los médiums o personas que canalizan al Espíritu al entrar y salir de sus cuerpos físicos utilizan un guardián o guía de portero. Si haces una forma de mediumnidad (canalización) que implica entrar y salir de tu cuerpo físico, a menudo se designa a un espíritu para que te ayude a entrar y salir de forma segura y para evitar que otros espíritus se apoderen de tu cuerpo físico ("posesión").

Su guía espiritual lo vigila y le ofrece orientación y apoyo en su viaje espiritual, incluso si no lo sabe. Una verdadera guía espiritual es un ser evolucionado que ha aceptado apoyar su evolución espiritual. Los verdaderos guías espirituales son sabios, compasivos y, a menudo, divertidos, y te respetan a ti y a tu derecho a elegir tu propio camino. Si alguna vez te das cuenta de que hay un ser espiritual que no te respeta ni a ti ni a los demás, no es tu guía espiritual, y tienes que decirles que se "aparten" y llamen a tu guía real.

Recibir Información

La clave para comunicarse y recibir información de Espíritus es conocer el lenguaje utilizado. El espíritu se comunica con nosotros de dos maneras diferentes, externa e internamente. En primer lugar, la comunicación externa se presenta en forma de signos, como encontrar plumas, monedas, etc., y sincronicidades, donde se accede al flujo del Espíritu y las personas y oportunidades adecuadas fluyen a su vida en el momento justo. Otra forma en que el Espíritu se comunica con nosotros es a través de la comunicación interna, donde la información del espíritu se transmite a través de sus intensos sentidos físicos, conocidos como las "Claridades".

CLARIVIDENCIA

La clarividencia es la capacidad de "ver" visiones y se conoce comúnmente como "visión clara". Esto significa que puedes ver con el ojo de la mente; personas, espíritus, lugares u objetos, colores, símbolos, etc. Estas visiones pueden ser experiencias en un nivel físico; sin embargo, a menudo se transmiten a la mente del médium para que puedan describirse durante una lectura o cuando se da un mensaje. También puede comenzar a ver atisbos de espíritu por el rabillo del ojo, ver los colores en las auras de las personas, o a veces puede ver espíritus como pequeñas chispas de luz, esferas o perlas transparentes, sombras o una figura normal de pie o moviéndose a uno lado.

CLARIAUDIENCIA

La clariaudiencia es esencialmente "escucha clara". Esto significa que puedes escuchar sonidos o palabras, ya sea en un nivel físico o como una voz en tu cabeza, de aquellos en el mundo de los espíritus, ya sea que se trate de tu propia Guía espiritual o de alguien amado que haya pasado por alto. Estos sonidos o palabras normalmente le llegarán rápidamente, porejemplo; nombres, fechas y lugares, etc.

CLARISENTIENCIA

La clarisentiencia es "sentimiento claro" o "percepción clara". Esto significa que puede sentir la información de Espíritus de diferentes maneras. Esto puede experimentarse como:

1. un 'presentimiento', que es una respuesta emocional fuerte que sesiente casi física
2. "empatía", que es retomar los sentimientos de otras personas y ponerse en sus zapatos
3. sensaciones físicas, es decir, sensaciones dentro de su propio cuerpo para informarle sobre su apariencia física, condiciones de salud, personalidad, etc.

CLAIRGUSTANCE

Clairgustance es "degustación clara". Esto significa que puede reconocer diferentes sustancias, ingredientes, etc. del Espíritu a través de su sentido del gusto.

CLAIRSCENT

Clairscent es esencialmente "olor claro". Esto significa que puede oler una fragancia u olor proveniente del Espíritu. Estos olores a menudo se experimentan a nivel físico como un recordatorio de que un ser querido fallecido está cerca de nosotros.

Mientras que uno de sus sentidos puede ser más dominante que los demás, es importante no esperar que la información del Espíritu se entregue de la misma manera cada vez que esto bloquea las muchas otras maneras, a menudo más fáciles, que el Espíritu tiene disponibles para usted para recibir información. Así que esté abierto a comunicarse y recibir información del Espíritu de varias maneras.

Confianza Vs Miedo y Duda

Duda

La duda a es "una sensación de incertidumbre acerca de la verdad" (diccionario de Webster). Debido a que nuestros cerebros solo son capaces de enfocarse en una cosa a la vez, en el mundo físico, cuando tienes un pensamiento negativo, inmediatamente levantas un muro y bloqueas los sentimientos positivos que vienen a tu mente. ¡Puedes volverse más consciente de cuando te viene a la mente una duda o un pensamiento negativo y simplemente reemplazarlo por uno más positivo! ¡La duda funciona de la misma manera con el Espíritu! Una vez que el Espíritu se mezcle con tu energía si comienzas a dudar de tus habilidades, te vuelves inseguro sobre la información que se te da o si tienes un pensamiento negativo (¡No puedo hacer esto!) Inmediatamente impides que Spirit se mezcle y trabaje contigo. Si surge la duda, tendrá que trabajar más duro para restablecer la conexión con el Espíritu y simplemente apegarse a loshechos que le están dando.

Miedo

Si ves, escuchas o sientes Espíritus y te vuelves temeroso, esto podría estar impidiéndote avanzar con tu Médium. Para vencer su miedo, debe ser valiente y aprender a confiar en que la razón por la que ve y siente estas cosas es porque tiene un REGALO para hacerlo. Puede reducir el miedo al mundo de los espíritus, educando, informándose y preparándose para que pueda controlar más rápidamente CÓMO y CUÁNDO reciba la información. Si está viendo, escuchando o sintiendo demasiado, hable con sus Guías

Espirituales y hágales saber que no se siente cómodo y pídales que disminuyan la velocidad y se lo den a un ritmo que le resulte más cómodo. También puede informarles a sus guías que desea establecer límites en torno a cuándo los espíritus pueden conectarse y mezclarse con usted para no estar sorprendido y consciente de lo que está sucediendo. ¡Usted tiene el control! Puedes hacer que un Espíritu sea más claro, o menos intenso, sintonizarlos, ignorarlos, decirles que se vayan, etc. Nada debe entrar en tu campo de energía sin tu permiso. El único momento en que el Espíritu puede entrar en tu espacio y tu energía, es cuando te olvidas de que estás a cargo y tienes demasiado miedo de pedirles que salgan de tu espacio, o cuando no has establecido límites en la forma en que deseas trabajar. con el Espíritu ¡También puedes vencer el miedo comunicándote con el Espíritu con más frecuencia! Sin embargo, si alguna vez te encuentras en una posición en la que no sientes que puedes controlar lo que estás viendo, escuchando o sintiendo, entonces pide ayuda a alguien, ¡no trates de lidiar con eso por tu cuenta!

Confianza

Es importante tener en cuenta que para que una lectura de la mediumnidad sea efectiva debe haber un nivel de confianza y una relación de cooperación entre el médium y la persona en el Espíritu. Según el autor Stephen MR Covey, "... la confianza se basa en los principios de empoderamiento, reciprocidad y creencia fundamental de que la mayoría de las personas son capaces de confiar ...". En el mundo físico, las relaciones saludables requieren una base sólida de confianza lo cual requiere confianza, práctica y paciencia de su parte. ¡Conectar y mezclarse con el Espíritu no es diferente! Una vez que el Espíritu se combina con su energía y se acerca para comenzar a trabajar con usted, es su responsabilidad generar confianza con ellos al pasar con certeza en cada información que le brindan.

Al comenzar a transmitir la información (sin dudar o juzgar) que se leentrega, el espíritu comenzará a acercarse a usted y comenzará a trabajar con usted más, ya que ha demostrado que es capaz de de ser confiablePara algunos de ustedes, el proceso de conectarse y mezclarse con el Espíritu vendrá de forma natural, ya que pueden fácilmente calmar sus pensamientos, salirse de su propio camino y confiar en la información que el Espíritu les proporciona. Para otros, el miedo a equivocarse en la información o las dudas sobre sus propias capacidades o la información que se les brinda, pueden dificultar este proceso. Una vez que comiences a conectarte, mezclarte y comunicarte regularmente con Spirit, será más fácilsalirte de tu camino para poder establecer una fuerte conexión y confiar enla información que te está dando el Espíritu.

Si bien no puedes controlar cómo otras personas reaccionan a lo que dices o haces, puedes controlar cómo te afectan sus reacciones. Si estás castigado, tus reacciones no influirán indebidamente. Si estás centrado, podrás responder de manera clara y enfocada. Si estás bien protegido, cualquier cosa que sea negativa no entrará en tu ser y hará que desees reaccionar. Si su aura no está saturada con la energía de otras personas, su respuesta se basará en su propia verdad, no en un montón de respuestas que otros le hayan enseñado. Tomar el control de tu cuerpo energético es el primer paso para recuperar el control de tu propia mente y emociones. También es uno de los primeros pasos para reclamar tu poder como sanador o trabajador de la magia, o incluso como individuo.

OTROS LIBROS DE LEANNE, THE BAREFOOT MEDIUM®

Desarrollo Psíquico: Herramientas y Tecnicas De Adivinación

Este libro Desarrollo psíquico: herramientas y técnicas de adivinación le brinda técnicas fáciles y prácticas para ayudarlo a comprender más sobre su intuición, diferentes herramientas que puede usar para la adivinación y comprender cómo se comunica la información a través de los diversos sentidos. Incluye procesos y actividades paso a paso para ayudar a las personas a conectarse con sus guías espirituales, percibir y leer información en el aura y los chakras, así como también cómo usar diferentes herramientas de adivinación como cartas del tarot, péndulos y escritura automática para guiarse en situaciones, eventos, relaciones y posibles oportunidades para el futuro.

Desarrollo de la Mediumnidad: Conectando con el Espíritu

Este libro Desarrollo de la mediumnidad: Conexión con el Espíritu, le proporciona técnicas fáciles, sencillas y prácticas que puede usar para comprender más acerca de cómo fusionarse y comunicarse con los seres queridos que han pasado al Espíritu a través de conexiones de la mediumnidad. También comprenderá cómo estructurar una sesión y cómo puede construir una relación más sólida con sus guías espirituales para apoyarlo en su desarrollo de mediumnidad. Encontrará algunas estrategias fáciles de seguir para ayudarlo a comprender los diferentes tipos de información y evidencia que Spirit puede aportar en una sesión, así como las habilidades fundamentales para ayudarlo a entregar sesiones de mediumnidad evidencial claras y precisas a otros.

Una Última Cosa...

Si disfrutó de este libro o lo encontró útil, estaría muy agradecido si puede tomarse unos minutos para publicar una breve reseña en Amazon. Su apoyo realmente marca la diferencia y leo todas las reseñas personalmente para poder recibir sus comentarios y hacer que este libro sea aún mejor.

Si desea dejar una reseña, todo lo que necesita hacer es hacer clic en el enlace de reseña en la página de este libro en Amazon.

www.ingramcontent.com/pod-product-compliance
Lightning Source LLC
Chambersburg PA
CBHW050244170426
43202CB00015B/2908